英語の綴りの
ルール

Tsutomu OHNA
大名 力

著

研究社

は　じ　め　に

　2014 年に研究社から『英語の文字・綴り・発音のしくみ』を上梓しましたが，幸いなことに多くの方にお読みいただくことができました。現代英語の文字・綴りを中心に，書体や歴史的な発達を含め，また日本語の表記体系と比較しながら，英語の書記体系全体が概観できるようにしましたが，扱っていることが多いため最後まで読み通すのが難しいとの声もあり，現代英語の綴りの部分を中心にまとめられないかと考えてきました。

　本書は綴りの仕組みの部分を中心に前著で扱えなかったことを加え全体を整理し直して 80 の節にまとめたものです。各項目 1 ページを基本として解説することで，読みやすく，あとから読み直したり参照しやすいようにしました。既に説明していること，あとで説明することも「☞**30**」のように示すことで，全体が有機的につながるようにしました。

　英語の綴りは不規則とよく言われますが，規則がわかっていないために実際以上に不規則だと思われているところがあります。例えば，apple /ǽpl/ の綴りが apl ではなく apple なのはなぜか。なぜ p は 2 つで読まない e が付くのか。win /wɪn/ に e を付け wine とすると発音が /waɪn/ になるのはなぜか。warm がウォームで worm がワームなのはなぜか。l の数が till と until で違うのはなぜか。cry の -ed 形が cried なのに -ing 形が criing ではなく crying なのはなぜか。play＋ed が plaied にならないのはなぜか。本書では，こういうある意味素朴な問いに，そういうものだからで終わらせるのではなく，そうなっている理由を明確に規則の形にして説明していきます。

　現代英語の綴りは，特定の個人，組織が規則を明示的な形で示した上で定めたものではありません。本書で述べる規則は個々の語の綴りの観察で得られたパターンを一般化したもので，過去の文献で示されているものも，本書独自のものもあります。批判的に検討しながらお読みいただければ幸いです。

　最後に付録として各節のポイント，規則の一部をまとめたものを付けましたので，適宜，整理のためにご利用ください。ポイントには例は示していないので，該当する例は何かを考え，すぐに出てこないようであれば，該当する節に戻って確認するといいでしょう。

　前著の『英語の文字・綴り・発音のしくみ』では綴りの仕組み以外にも文

字・書体の発達など様々なことを扱っているので，本書に引き続きお読みいただければ，アルファベットに関する理解をさらに深めていただけるものと思います。

〈謝 辞〉

　前著に続き本書でも研究社の津田正氏にお世話になりました。また，本書の執筆にあたっては次の方達から有益な情報，コメントをいただきました（敬称略，五十音順）：大津由紀雄，手島良，新實葉子，西脇幸太，堀田隆一，山内昇。特に手島良氏と西脇幸太氏には原稿を書き上げた後の早い段階で全体に目を通していただき，間違いや理解しにくい箇所の指摘，貴重なコメントをいただきました。出版にあたりお世話になった方々には，この場を借りてお礼申し上げます。

目　　次

用語，記号の説明

cf.　　　ラテン語 confer の略。参照せよ，比較せよの意。

e.g.　　　ラテン語 exempli gratia の略。例を示すのに用いる。

X < Y　Y から X が生じることを示す。
　　　　　e.g. doc < document, sunny < sun＋-y

●方言
英　イギリス英語，英音（イギリス英語での発音）
米　アメリカ英語，米音（アメリカ英語での発音）

●記号の使い方
　[ ], / / などについては注意しなくとも文脈から何を指しているかはわかるので気にしなくてもよいが，専門用語で説明すると次のように使い分けている。

　[音声]　/音素/　<書記素>

　本書ではピリオド <.> で綴り字上の音節の境界を示す。辞書の見出しで見る中黒 <·> は分綴可能な箇所を表す。

hopped	recital	綴り
/hɑpt/	/rɪsáɪtəl/	発音
hop.ped	re.ci.tal	綴り字上の音節
hopped	re·cit·al	分綴

<×> はその表記が英語では認められないことを示す。<ˀ> は使用されることはあっても正しい綴りであると言ってよいか不確かなもの。

　×liing　　　ˀreuseable

　x- は語頭，-x- は語中，-x は語末に現れる x を表す。-x(-) は語中または語末に現れることを示す。また，re-, -ing のように，接頭辞，接尾辞を示す時にもハイフンを用いることがある。「語末の x」のように，出現位置が明確な時にはハイフンを用いないこともある。

●発音記号

本書では『コンパスローズ英和辞典』(2018) の発音表記に準じたものを用いる。ただし，/ɑ(:)|ɔ/ (e.g. top) は /ɑ|ɔ/ とし，1 音節語には強勢 (アクセント) の記号は付けない。『英語の文字・綴り・発音のしくみ』で用いたものとは異なり，特に母音の表記が大きく異なるので，母音の発音表記を対照して示す。| の左がアメリカ英語，右がイギリス英語の発音である。英米で発音が異なる場合，本文ではアメリカ英語の発音を示すのを基本とする。

本書	コンパスローズ	しくみ	例
iː	iː	iː	*ea*st
i	i	i	happ*y* rad*i*o
ɪ	ɪ	i	*i*nk pock*e*t
e	e	e	*e*nd
æ	æ	æ	h*a*nd
æ|ɑː	æ|ɑː	æ|ɑː	*a*sk
ɑː	ɑː	ɑː	f*a*ther
ɑ|ɔ	ɑ(ː)|ɔ	ɑ|ɔ	t*o*p
ɔː	ɔː	ɔː	*a*ll
ɔː|ɔ	ɔː|ɔ	ɔː|ɔ	cl*o*th
uː	uː	uː	f*oo*d
u	u	u	act*u*al
ʊ	ʊ	u	b*oo*k
ʌ	ʌ	ʌ	c*u*t
ɚː|əː	ɚː|əː	əːr	b*ir*d
ə	ə	ə	*a*round chor*u*s lem*o*n elem*e*nt
ɚ|ə	ɚ|ə	ər	teach*er*
eɪ	eɪ	ei	d*a*te
aɪ	aɪ	ai	*i*ce
ɔɪ	ɔɪ	ɔi	t*oy*
aʊ	aʊ	au	*ou*t
oʊ	oʊ	ou	g*o*
juː	juː	juː	c*u*te
ju	ju	ju	man*u*al
jʊ	jʊ	ju	pop*u*lar
ɪɚ|ɪə	ɪɚ|ɪə	iər	*ear*
eɚ|eə	eɚ|eə	eər	h*air*
ɑɚ|ɑː	ɑɚ|ɑː	ɑːr	*ar*m
ɔɚ|ɔː	ɔɚ|ɔː	ɔːr	st*ore*

ʊɚ|ʊə	ʊɚ|ʊə	uə*r*	*tour*
jʊɚ|jʊə	jʊɚ|jʊə	juə*r*	p*ure*
aɪɚ|aɪə	aɪɚ|aɪə	aiə*r*	f*ire*
aʊɚ|aʊə	aʊɚ|aʊə	auə*r*	*hour*

●補助記号について

　本書では mănâge のように文字に補助記号を付け発音を示す。記号の使い方は竹林滋 (1991)『ライトハウス　つづり字と発音の基礎』に準拠しているが，一部，記号，用法が異なる。ȯ /ʌ/, ȯu, ȯw /aʊ/, ōu, ōw /oʊ/ の表記は三省堂『表音小英和』(1980) による。č /k/, ǧ /g/ は本書独自の表記である。

●『英語の文字・綴り・発音のしくみ』の用語との対応関係

本　　　書	『英語の文字・綴り・発音のしくみ』
単母音字	1 字綴りの母音字，母音字 1 字
複母音字	2 字綴りの母音字，二重母音字
重母音字	重母音字
単子音字	―
複子音字	―
重子音字	重子音字

英語の綴りのルール

　現代英語の発音と綴りは様々な歴史的な事情から生じたものです。この後の説明でも歴史的な経緯に触れることがあるので，まずは簡単に英語の歴史について見ておきましょう。

　英語はドイツ語，オランダ語，ノルウェー語などと同じくゲルマン語派に属し，さらに遡ると，ラテン語，ギリシャ語などと共通の言葉（「印欧祖語」と呼ばれる）から派生したと考えられています。

　英語の歴史は大きく古英語・中英語・近代英語の 3 期に分けられます。近代英語のうち 1900 年以降を区別する場合は現代英語と呼びます。劇作家・詩人のシェイクスピア（1564–1616）が生きた時代は近代英語期です。

古英語	（OE, Old English）	450–1150
中英語	（ME, Middle English）	1150–1500
近代英語	（ModE, Modern English）	1500–1900
現代英語	（PE, Present-Day English）	1900–

中英語の始まりを 1150 年ではなく 1100 年とすることもありますが，言語の変化は漸次的なものなので，どちらでも大まかな目安で便宜的なものです。

　古英語期と中英語期を分ける大きな出来事が，ノルマン・コンクェスト（The Norman Conquest, ノルマン人による征服）です。ノルマンディー公ウィリアムは，エドワード懺悔王から次の王位を約束されていたと主張し，1066 年に軍隊を率いイングランドに上陸，ハロルド王との戦いに勝ち，イングランドの王となりました。これによりイングランドはフランス語を話すノルマン人により支配されることとなり，フランス語の単語や綴り方が英語に入ってきて，英語に大きな影響を与えました。

　中英語と近代英語の大きな違いの 1 つが「大母音推移」と呼ばれる音変化です。この音変化を経て，i [iː], e [eː], ou [uː], o [oː] などの長母音が現在の i [aɪ], e [iː], ou [aʊ], oo [uː] になり，発音と綴りが大きくずれることになりました（詳しくは p. 16 のコラムで）。

中英語	wif [wiːf]	be [beː]	out [uːt]	to [toː]
現代英語	wife [waɪf]	[biː]	[aʊt]	too [tuː]

02 アルファベットの歴史と名称

原シナイ文字に起源をもつフェニキア文字がギリシャに伝わりギリシャ文字となり，エトルリア文字を経由してローマ字となりました。

ギリシャ文字　　ΑΒΓΔΕΖΗΘΙΚΛΜΝΞΟΠΡΣΤΥΦΧΨΩ
　↓
エトルリア文字
　↓
ローマ字　　　　ABCDEFGHIKLMNOPQRSTVXYZ

最初 I と J，U と V は同じ文字の異なる字形で母音字・子音字の区別はありませんでしたが，のちに I，U は母音字に，J，V は子音字に用いるようになりました。V (U) を並べたものが 1 字になり W になりました。

古代ローマで公用語のラテン語の表記に使われたことから，「ローマ字」「ローマ文字」(the Roman Alphabet)，「ラテン文字」(the Latin Alphabet) と呼ばれます。

「アルファベット」(alphabet) の名称は，ギリシャ文字の最初の 2 字の名 alpha (Αα)，beta (Ββ) に由来します。「いろは」「あいうえお」「ドレミ」「ABC」のように，文字等の組の最初の要素を使って全体を表すことはよく行われますが，「アルファベット」も同様の命名法によります。

文字の種類としては「アルファベット」は母音と子音を表記する表音文字を表し，ギリシャ文字などもアルファベットに分類されます。[1] 区別が必要な時には，The *Latin* Alphabet, The *Greek* Alphabet のように呼びます。

ローマ字のことを「英字」と呼ぶことがありますが，ローマ字は英語表記専用の文字ではなく，元々ラテン語を表記するのに用いた文字を，英語を表記するのに用いたものです。アングロ・サクソン人は他のゲルマン人と同様にルーン文字 (runes) を用いていましたが，古英語期の 7 世紀にキリスト教化とともにローマ字を使用するようになりました。

ローマ字で日本語を表記すること，したものを「ローマ字」と呼ぶことも多いのですが，文字の名前の「ローマ字」と混同しないようにしましょう。

---

[1] アラビア文字やヘブライ文字のように子音のみを書くのを基本とする文字体系もあります。

3

03 文字の数と大文字と小文字

アルファベットには 26 文字あり，各文字に大文字と小文字があります。

大文字 A B C D E F G H I J K L M N O P Q R S T U V W X Y Z
小文字 a b c d e f g h i j k l m n o p q r s t u v w x y z

　小文字は大文字から派生したもので，初期には大文字しかありませんでした。次のように書体間の派生関係を追ってみると，大文字から小文字が生じた過程がよくわかります (図の派生関係は単純化されたもの)。

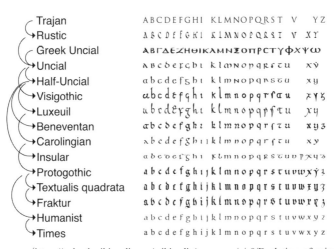

(https://upload.wikimedia.org/wikipedia/commons/c/c0/Evolution_of_minuscule.svg)

　ローマ字の小文字は，ギリシャ文字の小文字からではなく，ローマ字の大文字から発達したものです。

ギリシャ文字　A B Γ Δ E Z H Θ I K Λ M N Ξ O Π P Σ T Y Φ X Ψ Ω
　　　　　　　α β γ δ ε ζ η θ ι κ λ μ ν ξ ο π ρ σ τ υ φ χ ψ ω

　ギリシャ文字　　　大文字 ABΓΔE . . .　→　小文字 αβγδε . . .
→エトルリア文字
→ローマ字　　　　　大文字 ABCDE . . .　→　小文字 abcde . . .

04 母音字と子音字

各文字は基本的な音価により母音字と子音字に分類することができます。

母音字	子 音 字				
A a	B b	C c	D d		
E e	F f	G g	H h		
I i	J j	K k	L l	M m	N n
O o	P p	Q q	R r	S s	T t
U u	V v	W w	X x	Y y	Z z

W, w と Y, y は子音字としても母音字としても使われます。win, word の w，yard, yet の y は子音字です。law, few, cow の w，cry, happy, pay, boy の y は母音字です。[2]

子音字の w	win word	子音字の y	yard yet
母音字の w	law few cow	母音字の y	cry happy pay boy

子音字としても母音字としても使われる W, w と Y, y ですが，どちらも起源はギリシャ文字の Υ（upsilon, ypsilon, ユプシロン，イプシロン）です。

ギリシャ文字 　　　　ローマ字

Υ 　　　　→ 　Y 　　　　　　子音字／母音字

　　　　　 → 　V/U 　→ 　U 　　　　　母音字

　　　　　　　　　　 → 　V 　　　子音字

　　　　　　　　　　 → 　W 　　　子音字／母音字

U と V は元々同じ文字の異なる字形でした。V を 2 つ並べたように見える W を double U と呼ぶのはその名残です。のちに U は母音字として，V は子音字として用いられるようになりました。アルファベットで UVW が並んでいるのも同じ文字が分化したものだからです。（U, V が同じ文字であったことの綴りへの影響については 37 を参照。）

---

[2] 子音字 w, y の音価 [w, j] は音声学的には「半母音」と呼ばれる音ですが，他の子音字と同様に扱う方が話が簡単になるので，子音字として扱います。

05 文字の名称と音価

「漢字」「平仮名」は文字種の名称で，1つ1つの文字に個別の名称はありませんが，アルファベットでは文字1つ1つに名称があります。

表音文字であるアルファベットは，基本的に各文字が表す音価（発音）が決まっています。詳しくはこれから見ていきますが，一部を示すと次のようになります。（名称の発音の仕組み☞29）

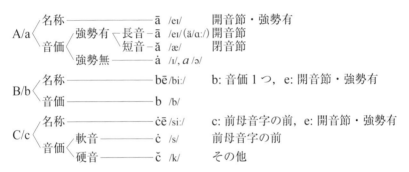

BBC（＜British Broadcasting Corporation）のような頭文字語は通常文字の名称で読みますが，UFO（＜unidentified flying object）のように名称（/jùːefóʊ/）でも音価（/júːfoʊ/）でも読むことが可能なものもあります。音価読みが可能な場合でもどちらか一方のみが使われることが多く，個別に覚える必要があります。[3]

名称読み　　UFO, UN, USA, UK, VOA, WHO
音価読み　　UFO, NATO /néɪtoʊ/, NASA /nǽsə/, AIDS /eɪdz/

略語でない普通の語（pen, big, hit など）は文字の音価で読みますが，読み方についてはこれから見ていきます。

---

[3] a /eɪ/, e /iː/, i /aɪ/, ... の読み方を「名前読み」，a /æ/, e /e/, i /ɪ/, ... の読み方を「音読み」と呼ぶことがありますが，本書の「名称読み」「音価読み」はそれとは異なります。

06 発音と文字・綴りとのずれ

　日本語で「イエア」「ウオア」と発音すると，口の開きが徐々に大きくなります。また，「イウイウ」「エオエオ」と繰り返し発音し，舌の位置を確認すると，「イ・エ」で前に，「ウ・オ」で後ろに動きます。これを図式化し，ア (a)，イ (i)，ウ (u) を頂点に三角形で示したものを「母音の三角形」と呼びます。

[i, u] の位置またはそれよりも上から滑らかに後続の母音に移るように発音すると，半母音の [j, w] になります。[j] はローマ字では y で表されます。[i, e] と [u, o, a] を分け，前者を「前母音」，後者を「後母音」と呼ぶことにします。[4] 英語では y, w は母音字としても用いられるので，前母音字，後母音字にはこれらも含めて考えます。

　日本語のローマ字表記では，前母音 /i, e/ を表す母音字は i, e で，後母音 /a, o, u/ を表す母音字は a, o, u なので，「前母音，後母音」と「前母音字，後母音字」を区別せずに話をしても混乱は生じませんが，英語では両者がずれることがあります。詳しくは後で説明しますが，例えば，case /keɪs/ の a /eɪ/ は発音として前母音ですが，c が /s/ でなく /k/ と読まれるのは a の後母音字としての性質によるというように，音としての性質と文字としての性質を明確に分けて考える必要があります。

日本語: 発音と文字が一致

英語: 発音と文字にずれがある

---

[4] 音声学では「前舌母音」「後舌母音 (奥舌母音)」と呼ばれます。

07 単子音字，複子音字，重子音字

子音字には1字で1音を表す単子音字と，複数で1音を表す複子音字があります。複子音字には bb, ff, mm のように同じ子音字を重ねた重子音字が含まれます。重子音字の発音は単子音字と同じで，1つ分黙字（発音しない文字）になっています。[5] s には無声音 /s/ と有声音 /z/ の場合があります。無声音，有声音を表す記号として，<̊> と <̈> を使用し，それぞれ s̊, s̈ と表記し分けます。(c, g, x については後述☞21–28)

			語頭	語中	語末(e)	語中	語末[6]
b	bb	/b/	*b*ig	num*b*er	ca*b*	lo*bb*y	–
d	dd	/d/	*d*o	pro*d*uct	ma*d*	la*dd*er	–
f	ff	/f/	*f*ree	re*f*er	lea*f*	o*ff*er	sta*ff*
h	–	/h/	*h*it	be*h*ind	–		
j	–	/dʒ/	*j*am	a*j*ar	–		
k	ck	/k/	*k*iss	bea*k*er	tan*k*	tac*k*le	bac*k*
l	ll	/l/	*l*et	co*l*or	penci*l*	pi*ll*ar	mi*ll*
m	mm	/m/	*m*an	ca*m*el	su*m*	si*mm*er	–
n	nn	/n/	*n*o	pa*n*el	su*n*	ba*nn*er	–
p	pp	/p/	*p*en	coo*p*er	ca*p*	co*pp*er	–
q	–	/k/	*q*uick	e*q*ual	uni*q*ue		
r	rr	/r/	*r*ead	cu*r*l	ca*r*	mi*rr*or	
s̊	s̊s̊	/s/	*s*un	per*s*on	ten*s*e	les*s*on	ki*ss*
s̈	s̈s̈	/z/	–	rea*s*on	plea*s*e	des*s*ert	
t	tt	/t/	*t*en	me*t*er	ne*t*	u*tt*er	
v	–[7]	/v/	*v*ery	e*v*er	e*v*e		
w	–	/w/	*w*in	a*w*ard	–		
y	–	/j/	*y*ard	be*y*ond	–		
z	zz	/z/	*z*ebra	ra*z*or	qui*z*	no*zz*le	bu*zz*

[5] 「単子音字，複子音字」と「単母音字，複母音字」（後述）は本書独自の用語。
[6] ebb, add, inn, app, err, putt /pʌt/ などは例外です（☞20）。
[7] 歴史的には u と v は同じ文字の異なる字形で，母音字としての u/v を重ねたのが w です（☞04）。

8

　基本的に q の後には u が来ます (qu /kw, k/)。u は語頭，語中では /w/，語末（＋黙字の e）では黙字になります。重子音字は音節先頭では用いられず[8]，音節間か音節末で用いられます。

　次の複子音字は 2 字で 1 つの音を表します。

		語頭	語中	語末(e)
ch	/tʃ/	*ch*ild *ch*eap	lun*ch*eon	ri*ch* pea*ch* tea*ch*
sh	/ʃ/	*sh*ine *sh*y	u*sh*er	fi*sh* poli*sh*
t̥h	/θ/	*th*igh *th*eme	e*th*ic es*th*etic	ba*th* wor*th* sou*th*
ïh	/ð/	*th*is *th*at	sou*th*ern wor*thy*	ba*the* brea*the*
ph	/f/	*ph*one *ph*ysics	tro*ph*y em*ph*asis	gra*ph* trium*ph*
wh	/(h)w/	*wh*at *wh*o *wh*eel	a*wh*ile	–
ng	/ŋ/	–	si*ng*er	si*ng* thi*ng* ki*ng*

　ph /f/ はギリシャ語起源の語で用いられ，f /f/ と同じ音を表します。例えば phone, graph と綴って fone, graff と綴らないのは語源によります。

　n は /k, g/ の前では /ŋ/ になります (think /θɪŋk/, finger /fɪŋɡɚ/[9])。ng も元々 1 字ずつ発音し [ŋg] でしたが，[g] が脱落し 2 字で [ŋ] を表すようになりました。thin と think が /k/ の有無で区別されるのと同様に元々 thin と thing は g [g] の有無で区別されていましたが，[g] が落ち thin /n/–thing /ŋ/ となり，/n/ と /ŋ/ の違いで単語が区別されるようになりました。[10]

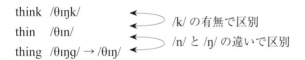

```
think  /θɪŋk/
thin   /θɪn/
thing  /θɪŋg/ → /θɪŋ/
```
/k/ の有無で区別
/n/ と /ŋ/ の違いで区別

単子音字の連続 n /ŋ/＋g /g/ (finger /fɪŋɡɚ/) と区別する必要がある場合はタイ記号を付け n͡g と記します。（詳しくは☞66）

　/(h)w/ は古英語ではルーン文字 ƿ（名称 wynn）を使い ƕp と綴られていました。ƿ は後に u/v の合字[11] w に取って代わられますが，文字の順序も変わり wh と綴られるようになりました。

---

[8] 外来語には語頭に重子音字が来るものもあります。例. llama /lá:mə/ ラマ（スペイン語より），Lloyd /lɔɪd/ 人名（ウェールズ語より）

[9] 英音は /fíŋɡə/。以下，英米の違いを示す必要がなければ米音を示します。

[10] / / は音素表記，[ ] は音声表記ですが，違いがわからなくても問題はありません。

[11] ligature（抱き字，リガチャー）。æ, fi のように複数の文字を合成し 1 文字としたもの。

08 単母音字，複母音字，重母音字

母音字には1字で1音を表す単母音字と，複数で1音を表す複母音字があります。ee のように同じ母音字を重ねた重母音字も複母音字の一種です。（各母音字の音価については後述。）

単母音字　a　e　i　o　u　y

複母音字　ee　ea　　ai　ei　oi　　au　eu　ou　　ie　ei　ui
　　　　　oo　oa　　ay　ey　oy　　aw　ew　ow

create /kriéɪt/ の ea は2つの単母音字 e /i/＋a /eɪ/ の連続ですが，creature /kríːtʃɚ/ の ea は1つの複母音字で，2字で1つの母音 /iː/ を表します。

複母音字　　　　　　rein　　　coat　　　　neutral　coinage
単母音字の連続　reinvest　coalition　reuse　　coincidence

y は単独で母音字として用いられますが，w が母音字となるのは複母音字 aw, ew, ow の第2要素となる時だけで，単独で母音字となること，すなわち単母音字の用法はありません。（i/y, u/w の交替，i, u の生起位置については 36, 37 を参照。）

複母音字	ai　ei　oi ay　ey　oy	au　eu　ou aw　ew　ow
単母音字	i y	u −

単母音字

cry　　dry　　happy
cried　drier　happily

複母音字

pay　　they　　boy　　law　　dew　　fowl　low
paid　their　boil　laud　deuce　foul　soul

10

09 強勢の有無と母音字の音価

　日本語のアクセントは音の高低による高低アクセントですが，英語は音の強弱による強勢アクセント（強弱アクセント）で，アクセントの種類が異なります。

日本語　高低アクセント　　　　　英語　強勢アクセント
　　雨　あ↘め　　　　　　　　　óbject /ábdʒəkt/　　●・
　　飴　あ↗め　　　　　　　　　objéct /əbdʒékt/　　・●

　日本語ではアクセントの有無で母音の発音は変わりませんが，英語ではアクセント（以下，「強勢」と呼ぶ）の有無で発音が大きく変わるため，明確に区別して捉える必要があります。

defénd　/e/　　gráduàte　/eɪ/　　ascertáin　/eɪ/　　mouse　/aʊ/
décent　/ə/　　gráduate　/ə/　　　cértain　/ə/　　　famous　/ə/

記号 (<‾>, <˘>, <˙>) については後述

　以下，強勢がある音節とそこに現れる母音を「強音節」「強母音」，強勢のない音節とその母音を「弱音節」「弱母音」と呼びます。

　まずは，強音節に現れる母音字の発音を確認し，その後，弱音節の母音字の発音について見ることにします。

---

12 名詞 óbject には ób·jĕct /-dʒekt/ の発音もあります。

10 強音節における長音と短音の対立

強音節では長音と短音の違いが出ます。長音は音声学的には長母音，2重母音に対応します。2字で綴られる複母音字は長音を表し，1字綴りの単母音字は，長音を表すことも短音を表すこともあります。

複母音字 ─────── 長音　ee /iː/　ai /eɪ/　ew /juː/　oa /oʊ/　oy /ɔɪ/

単母音字 { 開音節 ─ 長音　ē /iː/　ā /eɪ/　ū /juː/　ō /oʊ/

単母音字 { 閉音節 ─ 短音　ĕ /e/　ă /æ/　ŭ /ʌ/　ŏ /ɑ|ɔ/

(開音節，閉音節については後述☞13)

詳しくはこれから見ていきますが，短音と短母音，長音と長母音は別のものを指すことに注意してください。

短音　≠　短母音
長音　≠　長母音

本書で言う「長音，短音」のことを「長母音，短母音」と呼ぶ人もいますが，「長母音，短母音」という用語は発音について言及する時に使用するので，強勢のある母音字の音価を区別するのには「長音，短音」の用語を使います。先に見た，音を表す「母音，子音」と文字を表す「母音字，子音字」の違いとあわせ，用語の使い方に気を付けてください。

母音　≠　母音字
子音　≠　子音字

次のように用語を使い分けます。今ここで1つ1つ覚える必要はありませんが，以下の説明を読む時には用語の違いに留意してください。

sit	ĭ	/ɪ/	単母音字	短音	短母音
bet	ĕ	/e/	単母音字	短音	短母音
be	ē	/iː/	単母音字	長音	長母音
site	ī	/aɪ/	単母音字	長音	2重母音
beat	ea	/iː/	複母音字	長音	長母音
boat	oa	/oʊ/	複母音字	長音	2重母音

11 強音節の複母音字の発音：長音

　日本語でも母音字を 2 つ繋げ「ああ」「おう」で長母音や 2 つの母音の連続 [aa, aː], [ou, oː] を表すように，英語でも基本的に複母音字は長音（長母音, 2 重母音）を表します。下に代表的なものを挙げました。

	複母音字による長音				後続の r による長音の変形[13]				
a_			au aw /ɔː/	ai ay /eɪ/					air /eə/
e_	ee /iː/	ēa ĕa /iː/ /e/	eu ew /juː/	ei ey /eɪ/	eer /ɪə/	ēar ĕar /ɪə/ /əː/	eur /jʊə/	eir /eə/
o_	ōo ŏo /uː/ /ʊ/	oa /oʊ/	ȯu ȯw /aʊ/ ōu ōw /oʊ/	oi oy /ɔɪ/	oor /ʊə/	oar /ɔə/	our /aʊə/

```
                head  bŏok        law  may  new     they  cȯw  lōw  boy
  see   hēat            fōod boat  auto mail neutral feint ȯut  sōul boil
  deer  hēar  hĕard poor roar      hair euro        their sour
```

ou, ow の 2 つの発音は次のように記号を付けて区別することにします。

ȯu, ȯw /aʊ/　out ground loud;　now how crowd town towel

ōu, ōw /oʊ/　soul shoulder;　low show own

同じ綴りで発音が異なるものもあります。

bȯw（お辞儀），　rȯw（口論），　sȯw（雌豚），　mȯw（干し草置き場）

bōw（弓），　　rōw（列），　　sōw（播く），　mōw（刈る）

ea, oo には短音もあるので，長音符 (<ˉ>, macron) と短音符 (<ˇ>, breve) を付け区別します。

長音 ēa　/iː/　heat meat　　　長音 ōo　/uː/　boom food

短音 ĕa　/e/　head meadow　　短音 ŏo　/ʊ/　book hood

短音 ĕa, ŏo は「複母音字は長音」という原則から外れますが，これは，元々

---

[13] /əː, ɪə, ʊə, ... / は米音で長音が後続しない場合の発音を表す。英音では /əː, ɪə, ʊə, ... / となる。英米どちらでも母音が続くと r は子音 /r/ として発音される。

13

長音だったものが短化したためで，接辞を付ける時は今でも長音に準じた扱いで，heading, looking のように子音字を重ねません (☞72)。

ee	/iː/	see bee; meet seen	eer	/ɪɚ/	deer
ēa	/iː/	sea tea; heat mean	ēar	/ɪɚ/	ear dear hear
ĕa	/e/	head dead	ĕar	/ɚː/	earth learn heard
ōō	/uː/	too; pool food boom	oor	/ʊɚ/	poor
ŏŏ	/ʊ/	wool hood cook took	–		
oa	/oʊ/	cocoa; boat goal	oar	/ɔɚ/	oar roar soar
ai	/eɪ/	mail sail rain	air	/eɚ/	hair pair fair
ay	/eɪ/	may say ray	–		
ei	/eɪ/	feint rein vein veil	eir	/eɚ/	their heir
ey	/eɪ/	they obey convey prey	–		
oi	/ɔɪ/	boil toil coin join	–		(coir)
oy	/ɔɪ/	boy toy coy joy	–		
au	/ɔː/	laud cause pause	aur	/ɔɚ/	dinosaur
aw	/ɔː/	law caw paw	–		
eu	/juː/	feud deuce Teuton	eur	/jʊɚ/	euro neuron
ew	/juː/	few dew stew	–		
ȯu	/aʊ/	out foul ground	our	/aʊɚ/	our hour sour
ȯw	/aʊ/	cow how; down town howl	–		
ōu	/oʊ/	soul boulder shoulder	–		
ōw	/oʊ/	low know; own bowl	–		
ie	/iː/	field niece piece	ier	/ɪɚ/	pierce fierce
ei	/iː/	receive receipt perceive	–		(weir)
ui	/(j)uː/	fruit recruit suit pursuit	–		

語末の -ie (tie, pie), -ye (bye, dye), -oe (toe, doe), -ue (blue, true) は複母音字ではなく，「単母音字 i/y/o/u＋黙字 e」です。（詳しくは☞49）

12　強音節の単母音字の発音 1: 長音と短音

単母音字 a, e, i, o, u, y には短音と長音の読みがあります。ŏ は米音 /ɑ/, 英音 /ɔ/ ですが, 以下, 特に必要ない場合は米音のみを示します。

短音		長音	
ă	/æ/	ā	/eɪ/
ĕ	/e/	ē	/i:/
ĭ	/ɪ/	ī	/aɪ/
ŏ	/ɑ|ɔ/	ō	/oʊ/
ŭ	/ʌ/	ū	/ju:/
y̆	/ɪ/	ȳ	/aɪ/

短音		長音	
ăr	/ɑɚ/	ār	/eɚ/
ĕr	/ɚ:/	ēr	/ɪɚ/
ĭr	/ɚ:/	īr	/aɪɚ/
ŏr	/ɔɚ/	ōr	/ɔɚ/
ŭr	/ɚ:/	ūr	/jʊɚ/
y̆r	/ɚ:/	ȳr	/aɪɚ/

複母音字の場合と
同様に, r が付くと
発音が変わる

mădd mĕt sĭt hŏp cŭt gy̆m　căr hĕr fĭr fŏr cŭr
māde mēte sīte hōpe cūte bȳte　cāre hēre fīre fōre cūre tȳre

w が母音字として用いられるのは複母音字 aw, ew, ow の第 2 要素としてのみで, 単母音字の用法はありません。

短音はローマ字読みに近い発音で長音は文字の名称と同じです。ただし y の長音は /waɪ/ ではなく i と同じ /aɪ/ で, u の短音は /ʌ/ が基本です。

	a	e	i	o	u	y
英語の短音	/æ/	/e/	/ɪ/	/ɑ|ɔ/	/ʌ/	/ɪ/
ローマ字読み	ア	エ	イ	オ	ウ	―
英語の長音	/eɪ/	/i:/	/aɪ/	/oʊ/	/ju:/	/aɪ/
文字の名称	/eɪ/	/i:/	/aɪ/	/oʊ/	/ju:/	/waɪ/

上の右の表に示した通り, 短音も長音も r が続くと発音が変わりますが, 次の 1 段目の例のように変わらない場合もあります。

cărry ĕrror mĭrror hŭrry 英　vĕry spărse
stărry ĕr fĭry hŭrry 米　sphĕry scărce

put などの u /ʊ/ (o͞o と同音) は例外です。短音の一種として u̇ と表記します (u̇ /ʊ/: full, put, push, cushion)。また, mother などを o で /ʌ/ を表すことも多いので, 短音の一種として ȯ と表記します (ȯ /ʌ/: mother, brother, other, oven, 複母音字 ȯu, ȯw /aʊ/ との違いに注意)。

15

❐❙❫❤ 短音と長音の発音が大きく異なるのはなぜ？

ここは読み飛ばして先に進んでも構いません

短音 ĕ [e] の長音なら ē [eː] が期待されるところ，英語では ē [iː]。短音はローマ字読みに近いけれども，長音はローマ字読みから大きく外れています。元々古代ローマでラテン語を記すのに使われた文字 (☞02) なので，ローマ字読みするのは当たり前。ではなぜ英語では長音がローマ字読みと大きく違っているのでしょうか。

これは，大母音推移 (Great Vowel Shift) と呼ばれる中英語期末から近代英語期 (14 世紀〜17 世紀半ば) に長母音に生じた音変化が原因です。この音変化で強勢のある長母音が舌の位置を 1 段または 2 段高めて発音されるようになり，最も高い位置の [iː, uː] は 2 重母音になりました。

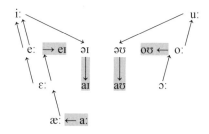

網掛け部分は大母音推移の前後の変化

e, o は口の開きの狭いエ・オ
ε, ɔ は口の開きの広いエ・オ

綴りが単母音字でも複母音字でも発音が長母音であればこの変化を被り，例えば e, ee は [eː] から [iː] に発音が変わることになりました。他の音変化も加えて示すと，次ページ上の表 1 のように発音が変わったことになります。

長音 ū [juː] の発音は大母音推移とは関係ありません。古英語では u の長母音 [uː] は u と書かれていましたが，ノルマン・コンクェスト (☞01) ののち，フランス語式に ou (ow) で表されるようになり，大母音推移により [əʊ] (のちに [aʊ]) になりました。現在の u の長音 ū [juː] はフランス語での文字の発音を取り入れ英語式にしたものです。

ee, ea, oo, oa の発音は大母音推移によって大きく変化したものであることを見ましたが，他の複母音字についてはどうでしょうか。

1. ee [iː] ea [iː] oo [uː] oa [oʊ] òu/òw [aʊ]　←大母音推移
2. ai/ay [eɪ] ei/ey [eɪ] oi/oy [ɔɪ]
3. au/aw [ɔː] eu/ew [juː] ōu/ōw [oʊ]　　2 種類の ou/ow に注意

i	[iː] → [əɪ]	(→ [aɪ])		find mild child wife time
e, ee	[eː] → [iː]			me be bee cheese green agree
(e) ea	[ɛː] → [eː]	↗ [iː]		sea season each meat breathe
		↘ ([e])		bread head breakfast
a	[æː] → [ɛː] → [eː]	(→ [eɪ])	⎰	great break steak yea
			⎱	name age take place change
ou, ow	[uː] ↗ [əʊ]	(→ [aʊ])		house south now town
	↘ ([ʊ])↑	(→ [ʌ])	⎰	country southern tough
			⎱	blood mother glove month
o, oo	[oː] → [uː]			do to too choose cool moon
o, oa	[ɔː] → [oː]	(→ [oʊ])		over hope stone road coat

▲表1　母音の歴史的変化

　2 の ai/ay, ei/ey, oi/oy, 3 の ou/ow は 2 重母音を 2 字で書いたものです。ai/ay は元々 [aɪ] を表していましたが，後に [eɪ] に変わり，ei/ey，長音 ā と同じ発音になりました。

ă	[a] → [æ]	────────────────	[æ]			
ā	[aː] → [æː] → [ɛː] → [eː] → [eɪ]					vane
ai/ay	[aɪ] → [æɪ] → [ɛɪ] → [eɪ] → [eɪ]					vain
ei/ey	[eɪ] ──────────────── [eɪ]					vein

au/aw, eu/ew も元々 2 重母音でした。law は「ラウ」だったのが「ロー」に変わり，new は「ネウ」「ニウ」から「ニュー」に変わりました。

　まとめると，上の 1 の複母音字は元々長母音を表すのに 2 字を使ったものが大母音推移で他の長母音，2 重母音に変化したもの，2 と 3 は 2 重母音を表すのに 2 字を使ったもので，そのうち au/aw, eu/ew は 2 重母音が単音化し長母音になったもの，ということになります。

　単母音字の長音と複母音字の発音が綴りとずれているように感じるのは，このような音変化があったのに綴りは変えなかったことによります。

中英語	ĕ [e]	ē, ee [eː]
	↓	↓
近代英語	ĕ [e]	ē, ee [iː]

17

13 強音節の単母音字の発音 2: 音節構造と母音字の長短

　長短の違いは音節構造と関係します。母音で終わる音節を「開音節」(open syllable)，子音で終わる音節を「閉音節」(closed syllable) と言いますが，次の例を見ると，開音節では長音，閉音節では短音となっていることがわかります。

　開音節: 母音字は長音　例　ā　bē　hī　nō　mū　mȳ
　閉音節: 母音字は短音　例　ăn　bĕd　hĭt　nŏt　mŭg　mȳth

　次の 2 音節語では音節間に子音(字)がなく，第 1 音節は開音節となり，長音となっています。(ピリオド <.> は綴り字上の音節の境界。)

　chā.os　Lē.o　bī.as　dī.al　quī.et　dī.et　gī.ant　lī.on　ī.on
　pō.em　pō.et　cō.op　dū.al　fū.el

ˣLĕo, ˣĭon のように短音が開音節に現れることはなく，母音字は長音で読まれます。

　カオス　chā.os　/kéɪɑs/
　レオ　　Lē.o　/líːoʊ/
　イオン　ī.on　/áɪən, áɪɑn/
　ポエム　pō.em　/póʊəm/

　なお，複母音字はそれ自体で長音を表すため，開音節でも閉音節でも音価は変わりません。

　開音節　see　sea　shoo　say　law　how　sow
　閉音節　seed　seat　shoot　sail　lawn　howl　sown

複母音字 ea, oo の短音は元々長音だったものが短音化したものです。短音は開音節には現れることができないため，複母音字の短音 ĕa, ŏo が現れるのは閉音節のみになります。

　開音節　sēa　(ˣsĕa)　mōō　(ˣmŏō)
　閉音節　sēat　hĕad　mōōd　hŏōd

14 重子音字の前の強勢付き単母音字：短音

ăn, bĕd, hĭt のように子音字で終わる閉音節では単母音字は短音になること
を見ましたが，bb, mm, ll などの重子音字の前の単母音字が短音で発音され
るのも，同じ理由によるものです。

次の語は重子音字を含んでいますが，重子音字が音節先頭に来ることはな
く，1 つ目は前の音節に付くことになるため，第 1 音節は閉音節となり，母
音字は短音となります。

hăm.mer bĕt.ter sĭl.ly lŏb.by bŭt.ter

これに対し，音節間に子音字が 1 つしかない場合は，前に付けば第 1 音節
は閉音節に，後ろに付けば開音節になるため，短音・長音両方の可能性が出
てきます。

| student | stū.dent | /stjúːdənt/ | 長音 ū |
| study | stŭd.y | /stʌdi/ | 短音 ŭ |

| 長音 | dāta[14] | stūdent | nāture | Pōlish | mōdal | ēven |
| 短音 | | stŭdy | nătural | pŏlish | mŏdel | sĕven |

data (dā.ta, dăt.a)，lever (lē.ver, lĕv.er) のように両方の発音がある語もありま
す。

なお，v の重子音字は用いられないため，短音の後でも v は重ねられませ
ん。[15, 16]

| ĕv /ev/ | ĕv.er | sĕv.er | dĕv.il | e.lĕv.en | cĭv.ic |
| ēv /iːv/ | ē.ven | fē.ver | ē.vil | dē.vi.ous | |

---

[14] dăta は dāta と dăta の両方の発音があることを表します。なお，data には /dáːtə/ の
発音もあります。/ɑː/ は a の第 2 長音。第 2 長音については **41–46** を参照。

[15] rev の活用形 rĕvved, rĕvving などは例外。

[16] 昔は u/v の区別はなく，w は元々 u/v を重ねたもの。w (uu/vv) は母音字間，語末で
は母音字として用いられ，重子音字としては用いられません。

cf. fēver ↔ sĕver (×sĕvver) ↔ sewer

15 母音字で始まる接辞の付加と重子音字の使用

　重子音字の前の強勢のある単母音字は短音となることを見ましたが, -ed, -ing, -er などの母音字で始まる接辞を付ける際, 子音字を重ねるものがあるのも, 同じ理由によるものです。

mǎt	sĕt	swǐm	gŏd	sǔn
mǎt.ted	sĕt.ting	swǐm.mer	gŏd.dess	sǔn.ny

重ねないとどうなるか考えてみると, 重子音字の働きがよくわかります。

mā.ted	sē.ting	swī.mer	gō.dess	sū.ny
/méɪtɪd/	/síːtɪŋ/	/swáɪmɚ/	/goʊdəs/	/sjúːni/

mat にそのまま -ed を付けると mā.ted /méɪtɪd/ と読めてしまうため, a を短音で読ませるために, 重子音字を用い mǎt.ted /mǽtɪd/ とします。

短音	mǎt	mǎt.ting	sǐt	sǐt.ting	hŏp	hŏp.ping
長音	mā.te	mā.ting	sī.te	sī.ting	hō.pe	hō.ping

　r が付いて単母音字・短音の音が変化する場合も r を重ねます。

stär	refêr	stîr	spûr
stär.ry	refêr.red	stîr.ring	spûr.ring

star に -ing をそのまま付けると staring となりますが, これでは stare の -ing 形と同じ綴りになり, 発音が stāring /stéərɪŋ/ となってしまうため, r を重ねて stärring とします。

　なお, 11 で見た通り, 複母音字の短音 e͞a, o͞o は長音に準じた扱いになるため, 子音字は重ねません。

set	/set/	setting	put	/pʊt/	putting
he͞ad	/hed/	heading	bo͞ok	/bʊk/	booking
he͞at	/hiːt/	heating	sho͞ot	/ʃuːt/	shooting

接辞の付け方についてさらに詳しくは **68–77** で。

20

16 黙字の母音字 e

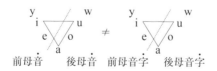

ローマ字は表音文字ですが，綴りにそれ自体は発音されない文字が含まれることがあり，「黙字」(silent letter) と呼ばれます。

黙字にはいろいろなものがあります。

母音字 e：　makeₑ littleₑ dueₑ criesₑ giveₑ danceₑ dyeₑ pleaseₑ singₑeing
母音字 u：　guitar guₑess plagueₑ arabesqueₑ
子音字：　　caught know wrong soften should could doubt island
　　　　　　school psychology pteranodon corps

本書では name の e, know の k のようにゆっくりした発音でも発音されないものを黙字として扱います。これに対し，animal, marvel, pencil, symbol, consul, vinyl の下線部のように /ə/ が弱化し脱落した結果，発音されなくなるものについては黙字として扱いません。often の t は読む発音と読まない発音 (/ɔ́ːf(t)ən|ɔ́f(t)ən/) がありますが，読まれない場合は黙字扱いになります。

読まないのに書かれる理由は様々ですが (☞57–59)，この後の説明との関係でここでは黙字の母音字について取り上げます。

黙字の母音字としては e が使われます。u も使われますが，g, q の後ろに限られます (e.g. guitar, guess, unique, picturesque)。[17]

黙字 e は発音されないので，発音上は母音も子音も表しませんが，文字としては母音字 (前母音字) として扱われます。この「音価を持たない(前)母音字」という性質を利用して，いろいろなところで使われるのですが，これについては，これから詳しく見ていきます。

以下，e が黙字であることを明示するのに，¢ の表記を用います。

---

[17] biscuit /bískɪt/, circuit /sə́ːkət/ は例外。

21

17 音節主音的子音 /l, m, n/

通常，母音を中心として音節が形成されますが，環境によっては音節の中心 (核) となりうる子音 (syllabic consonant, 音節主音的子音) /l, m, n/ があり，母音のない音節も生じます。(<̩> は子音 l, m, n が音節の核となることを示す記号。)

/l/	symbol	/símbəl, símbl̩/	2 音節
/m/	prism	/prízəm, prízm̩/	2 音節
/n/	pardon	/páɚdən, páɚdn̩/	2 音節

symbol /símbəl/ は 2 音節の語ですが，母音 /ə/ のない /bl̩/ でも，/l/ が音節の核となるので，音節数は 2 音節のままです。

sym.bol　/símbəl/　/símbl̩/　　/ə/ があってもなくても 2 音節
　　　　　　● ・ ● ・

これらの子音に母音が続くとそちらに核が移ります。したがって，2 音節語の angle, bubble に 1 音節の接辞 -er /ɚ/, -y /i/ を付けても音節数は変わらず，2 音節のままになります。

an.gle　/ǽŋgəl, ǽŋgl̩/　　bub.ble　/bʌ́bəl, bʌ́bl̩/
● ・　　　　　　　　　● ・

an.gler　/ǽŋglɚ/　　　　bub.bly　/bʌ́bli/
● ・　　　　　　　　　● ・

18 母音のない音節に挿入される黙字の e

　英語では綴り上の音節は母音字を必要とします。principal /-pəl, -pļ/ のように，母音が弱化し脱落するケースでは綴りに母音字があるので問題ありませんが，principle /-pļ/ のように，母音がない場合には，黙字の母音字 e を加え，綴り字上の音節の核とします。[18]

prin.ci.pal	/-pəl, -pļ/	/ə/ が脱落しても a があるので pal でよい
prin.ci.ple	/-pļ/	pļ /pļ/ では母音字がないので e を付け ple に

発音が同じ /ǽks(ə)l/ でも，axel（スケートのアクセル）では l の前に e があるのでそのまま，axle（車軸）では黙字の e を添えることになります。

　cycling /sáɪklɪŋ/ は 2 音節で，cy.cling と 2 つの音節に分割されます。cy /sáɪ/ は開音節で強勢あり，cling /klɪŋ/ は閉音節で強勢なしで，合わせて cȳ.clīng となり，発音と綴りが一致します。cycled /sáɪkļd/ の /kļd/ には母音はありませんが発音上は /l/ が核となり音節を形成し，2 音節となります。接尾辞 -ed の e は黙字ですが，これが綴り上の音節の核となる母音字として働きます。接辞なしの /sáɪkļ/ も 2 音節ですが，音節 /kļ/ の綴りに母音字が必要とされるため，黙字の e を付加し，cȳ.cle とします。

　黙字 e の付加が必要なのは語末の /l/ が音節を形成する場合で，/l/ の前が母音字か子音字 r であれば /l/ が独自の音節を形成しないため，黙字の e は付加されません。

e あり	ap.ple	drib.ble	cy.cle	lit.tle	noz.zle	peo.ple
e なし	sell	fill	tool	meal	bowl;	curl	hurl	pearl

-ing, -y, -er, -ic のように，母音（字）で始まる接辞が付くと，それらの母音字が綴り字上の核となるため，黙字の e を付ける必要はなくなります。

drib.ble	bub.ble	gam.ble	cy.cle	re.cy.cle
drib.bling	bub.bly	gam.bler	cy.clic	re.cy.cla.ble

---

[18] /m, n/ が音節の核となる場合は綴り字上 m, n の前に母音字が来るため (bosom, kitten, person, prison)，e を追加して -me, -ne とする必要はありません。prism, rhythm はギリシャ語からの借入語で例外です。

19 長音標識の黙字の母音字 e（マジック e）

　本書では，name, mate などの，いわゆる "マジック e"[19] も，apple, cycle などの e と同様の理由から付加されたものと捉えます。

　naming の綴りなら nā.mǐng と分割でき，na は強勢のある開音節で a は長音となり，発音と綴りは一致します。接辞の付かない /neɪm/ は，各音に当たる文字だけを書くと nam となりますが，母音字 a は閉音節に現れていることになり，ā /eɪ/ とは読めません。

```
n  a  │ m  i  ng          n  a  m
/ n  eɪ │ m  ɪ  ŋ /        / n  eɪ  m /
開音節                     閉音節
```

na を開音節にするためには m を後ろの音節に持っていく必要がありますが，na.ming の場合と違い，後ろに母音(字)はありません。仕方がないので，黙字の母音字 e を置き見かけ上 2 音節にし，nā.m¢ とします。named /neɪmd/ は音声上は 1 音節で，a は閉音節に現れていることになりますが，綴り字上は，接辞 -ed の e を核として見かけ上の音節ができ，nā.m¢d とすることができます。-ed の黙字の e は「マジック e」とは呼ばれませんが，同じ働きをするものです。

mā.ting	/méɪtɪŋ/	măt.ting	/mǽtɪŋ/
mā.ted	/méɪtɪd/	măt.ted	/mǽtɪd/
mā.t¢	/meɪt/	măt	/mæt/
hō.ping	/hóʊpɪŋ/	hŏp.ping	/hápɪŋ/
hō.p¢d	/hoʊpt/	hŏp.p¢d	/hapt/
hō.p¢	/hoʊp/	hŏp	/hap/

---

[19] mat /mæt/–mate /meɪt/ のように，黙字の e に先行する母音字の音価を大きく変える働きがあることを子供に教える時に，この e を「マジック e」と呼ぶことがあります。

24

20 内容語の 3 文字ルールと黙字の e・重子音字

　a, I, he, is, to などの機能語[20]や一部の頻度の高い語を除き，英語の単語は 3 文字以上で綴るのが原則です。[21] 代名詞 my は 2 文字でもよいのに対し，内容語である動詞 dy（「染める」）は許されず，黙字を添え 3 文字とし dye と綴ります。shy, dry なら 3 文字なので ×shye, ×drye とはしません。「目」の /aɪ/ の綴りは ȳ でよさそうですが (cf. ī /aɪ/)，3 文字にするには eye という不規則な綴りにせざるを得ません。[22] low, law に付かない e が owe, awe に付くのも 3 文字にするためです。

代名詞	my			low	law
形容詞	shy	動詞 dry		ow*e*	aw*e* (cf. awful)
動　詞	dy*e*				

　副詞 in に対し語源が同じで発音も同じ普通名詞は inn（宿屋）で，重子音字が用いられています。leg, web, pod に対し，重子音字を用い egg, ebb, odd とするのも 3 文字にするためです。

副詞	in	leg	sir	web	pod
名詞	inn	egg	err	ebb	odd

　黙字 e と重子音字のどちらを用いるかは音節構造によります。開音節の dȳ に母音字を追加しても開音節のままで (dȳ.e) 母音字の音価は変わらないのに対し，閉音節の ŏd に e を加えると開音節に変わり母音字の音価が変わるため (ō.de)，黙字の e の代わりに重子音字を用い，発音も音節構造も変えずに文字数を増やします (ŏdd)。通常，語末に -gg, -dd などの重子音字は現れませんが，3 文字ルールを優先しこれらの重子音字を語末に用います。

---

[20] 前置詞，接続詞，助動詞，冠詞，関係詞など，主として文法的機能を担い，語彙的意味がない，または軽い語が機能語で，名詞，動詞，形容詞など，主として語彙的意味を表す語が内容語です。

[21] Jespersen (1909: 149) に基づく。

[22] 歴史的には eie の綴りも見られますが，現代の正書法では i は母音字間では使用しないので (☞37)，eie にはなりません。

開音節　黙字 e　　dȳ → dȳ.*e*　ow.*e* di.*e*
閉音節　重子音字　ŏd → ŏd*d*　　(cf.＋e → ō.d*e*)

ad, op, ed のように 2 文字のものもありますが，3 文字規則の適用を受けていないのは，advertisement, operation, education から作られた略語であるためです。

ad　＜　advertisement
op　＜　operation
ed　＜　education

日本語で「アプリケーション」の略語は「アプリ」ですが，application の略語は /æp/。こちらは元の綴りに pp があるため，綴りの候補としては ap と app が考えられます。

ap?　＜　application
app?　＜　application

ap と app を比べた場合，app の方が自然と感じる人が多いでしょう。実際，使われているのは app の綴りの方です。英語には固有名詞を除き pp で終わる語はないので，特定の文字の並びではなく，話者の頭の中にあるより抽象的な規則に基づいて綴りの英語らしさを判断していることになります。

このように英語の綴りにはパターンがあり，英語話者は個々の綴りに接することで抽象的な規則を心の中に構築しています。

c には 2 つの読みがあり，前母音字の e, i, y の前では軟音 ċ /s/ (soft c)，それ以外は硬音 č /k/ (hard c) となります。

e, i, y の前　ċ (s)　/s/　ice city spicy
それ以外　　č (k)　/k/　case cold cut cream picnic

前母音字であって前母音でない点に注意してください。case /keɪs/ の a /eɪ/ の発音は前母音ですが，a という文字は後母音字であるため，c は硬音になります。ċyclic /síklɪk, sáɪklɪk/ の先頭の c が軟音なのは直後の y が前母音字であるからで，y の発音 /ɪ, aɪ/ で軟音か硬音かが変わるわけではありません。

picnic, topic のように語末の c は硬音 č /k/。dance, chance の黙字の e は c が軟音であることを示し，dancing, dancer, spicy のように前母音字で始まる接辞が付けば e は不要になります。[23] しかし，-able, -ly のように後母音字または子音字で始まる接辞の場合，e は残します (danceable, nicely)。

硬音 č /k/ で終わる語に前母音字の接辞を付ける場合は，軟音化を防ぐために k を付けます。-ing を付ける際，be.gín では閉音節にするため n を重ねて be.gín.ning としますが，vís.it では it に強勢がないため t は重ねずに vís.i.ting とします。同様に，pánic, tráffic では c の前の母音字に強勢はないため子音字を重ねる必要はありませんが，c が軟音とならないよう -ing, -ed の前に k を加えます (例外 arc(k)ed, arc(k)ing)。-able なら c は軟音にならないため，k を加えずに trafficable とします。

pánic	tráffic	cf.	vísit	begín
pánics	tráffics		vísits	begíns
pánicked	tráfficked		vísited	
pánicking	tráfficking		vísiting	begínning
pánicky	tráfficker		vísitor	begínner

ċ /s/ は口蓋音化すると /ʃ/ となります。口蓋音化については 54 を参照。

---

[23] spic(e)y, spac(e)y, pric(e)y のように e が残されることがありますが，これは，smil(e)y, flak(e)y, choos(e)y などでも同様で，c の音価とは別の理由によります。

22 ck, cq, cc, sc の発音

ckではcは前母音字の前ではないので硬音で，kと合わせ /k/ となります。ckはkの重子音字として使われます。(cとckの使い分け☞31)

čk　(kk)　/k/　kick acknowledge tackle

cqでもcは硬音となり，qと合わせて /k/ となりますが，qの後ろには必ずuが来るので，cqu で /kw/ となります。

čqu　(kku)　/kw/　acquire acquisition acquaint acquiesce acquit
qu　(ku)　/kw/　equal equip aqua aquarium require frequent

cquとquは同じ発音になりますが，cquとなるのは前がaの場合で，aqu- になるか acqu- になるかは語源によります。acquire (＜ ac-＋quire) などの ac- はラテン語の接頭辞 ad- が c, q の前で ac- に変わったものです。account, accumulate などの ac- も同じものです。

ccの発音も同様の仕組みに従っています。

e, i, y の前　čč (ks) /ks/　success accident
それ以外　čč (kk) /k/　occasion account accuse

necessary を neccessary と綴ってしまうミスはよくありますが，cc では /ks/ となってしまうことがわかれば，間違えにくくなります。なお，accessory の cc は /ks/ です。

nécessary　-c-　/s/
accéssory　-cc-　/ks/

sc では，s は無声音の s̊ /s/。c が e, i, y の前なら軟音になり，sč (ss) で /s/, それ以外は sč (sk) で /sk/ となります。

e, i, y の前　sč (ss)　/s/　scene science
それ以外　sč (sk)　/sk/　scarf scooter disc

23 g の発音: 軟音 ġ /dʒ/ と硬音 ğ /g/

g も，e, i, y の前は軟音 ġ /dʒ/，それ以外は硬音 ğ /g/ が基本です。

e, i, y の前	ġ	/dʒ/	gentle giant gym
それ以外	ğ	/g/	good gut green leg

c に比べ girl, get, give など例外が多いのですが，これは，/k/ の場合，e, i, y の前では k を用いればよいのに対し (kitten, cf. cat)，/g/ の場合，他に /g/ を表す文字がなく，g を用いるしかないためです。[24]

ğ /g/	girl give gift gear get girdle
ġ /dʒ/	gin ginger giant gentle gym

同じ綴りで両方の発音があるものもあります。

ğill /gɪl/　　えら，ひだ
ġill /dʒɪl/　　ジル (液量の単位)

Ğill /gɪl/ ＜ Gilbert /gílbət/　　　　男性名
Ġill /dʒɪl/ ＜ Gillian /dʒílien, -ljən/　　女性名

次の GIF は最近作られた略語ですが，2 通りの発音があります。

GIF /dʒɪf, gɪf/ ＜ Graphics Interchange Format

age, change のように語末の g が軟音の場合，黙字の e を付けます (cf. 軟音の c: ace, dance)。前母音字で始まる接辞が続けば e は不要になりますが (aging, aged, changing, changer)，それ以外では e は保持されます (changeable)。

change	changed	changing	changer	changeable
dance	danced	dancing	dancer	danceable

---

[24] あとで説明するように (☞25)，guess のように黙字 u を挿入し軟音でないことを示す方法もありますが，give(n)–gave, get–got(ten), goose–geese でこの方法を用いると，guive–gave のように綴りが変わってしまうという不都合が生じます。

24 接尾辞と c, g の発音

specific に -ation が付いても c は硬音 /k/ のままですが，前母音字で始まる -ity が付くと c は軟音 /s/ に変化します。

spećifič　　　/spəsífɪk/
spećifičation　/spèsəfɪkéɪʃən/
spećifićity　　/spèsəfísəti/

genius, syllabus の複数形 genii, syllabi のように，語尾が us から i と変わるものがあります。focus の c は後母音字 u の前なので硬音ですが，foci では c の発音が問題になります。軟音のみを挙げる辞書と，両方挙げる辞書があり，辞書により違いがあります。

focus /fóʊkəs/　　abacus /ǽbəkəs/　　locus /lóʊkəs/
foci　/-saɪ, -kaɪ/　abaci　/-sàɪ, -kàɪ/　loci　/-saɪ, -siː, -kaɪ, -kiː/

数は少ないですが，g のケースには Magus, fungus (菌類) があります。Magi は東方の三博士で，O. Henry の短編のタイトル "The Gift of the Magi" (「賢者の贈り物」) にも出てきます。

Magus /méɪgəs/　　　　fungus /fʌ́ŋgəs/
Magi　/méɪdʒaɪ, mǽdʒaɪ/　fungi　/fʌ́ŋgiː, -gaɪ, -dʒaɪ, -ʒaɪ/

information を info とするように，語の一部を切り取り 1 語とする際，c の発音が変わることがあります。speculation と specification の 4 文字目の c は，前者では後母音字 u の前で硬音，後者は前母音字 i の前で軟音ですが，spec とすると違いがなくなり，どちらも硬音になります。

speč　　　　　/spek/
< spečulation /spèkjəléɪʃən/
< spećifičation /spèsəfɪkéɪʃən/

bike は bicycle の，nuke は nuclear を短くしたものですが，i, u を長音で読ませるために e を添え bice, nuce とすると c が軟音となってしまうため，c を k に置き換えています。

30

25 外来語の c と g の発音

　c, g が前母音字の前とそれ以外で発音が変わるのは，ヨーロッパの他の言語でも見られるパターンです。

　イタリア語では次のようになり，Gucci は「グッチ」，gelato は「ジェラート」となります。

ca [ka]，　ce [tʃe]，　ci [tʃi]，　co [ko]，　cu [ku]
ga [ga]，　ge [dʒe]，　gi [dʒi]，　go [go]，　gu [gu]

e, i の前で c, g を [k, g] と読ませたい場合は h を挿入し che [ke], chi [ki], ghe [ge], ghi [gi] とします。Pinocchio, spaghetti で h が入るのはこのためです。ちなみに spaghetti はイタリア語で spaghetto の複数形です。次の語も複数形の形で英語に借入されています。（単数形に括弧を付けたものは複数形のみ借入。）

(spaghetto)　graffito　timpano　(broccolo)　(confetto)
　spaghetti　graffiti　timpani　broccoli　confetti

　フランス語では，e, i の前で c [s] (→ [ʃ]), g [ʒ]，その他で c [k], g [g] となります (merci, fiancé, genre, concierge)。e, i の前で g を [g] と読ませるには u を挿入し，gue, gui とします (guide [gid])。a, o, u の前で c を [s] と読ませるには ç を用います (garçon)。フランス語からの借入語で ç の代わりに c を用いることがありますが，その場合，/k/ と読まれる環境で /s/ と読まれることになります (e.g. façade, facade /fəsáːd, fǽ-/)。

　英語で guitar, guide, guest, guess などでは黙字 u が g の軟音化を防ぐ働きをしていますが，フランス語からの借入語だったり，元々英語にあった単語をフランス語式に綴り直したものです。

　gui の u が黙字となる場合も (guitar /gi/)，半母音となる場合も (linguistic /gwi/) あるので，1 つ 1 つ覚えることになります。[25]

___

[25] 大名 (2014) では半母音 [w, j] を表す u, i はそれぞれ u̯, i̯ と表記しました。

26 judgement か judgment か

judgment の g は ġ /dʒ/ と発音されますが，後ろに前母音字が来ないのにどうして軟音として発音されるのでしょうか。

/dʒʌdʒ/ を表すには，j /dʒ/, ŭ /ʌ/, ġ /dʒ/ で[26]，最低限 jug の 3 文字が必要ですが，このままでは g は軟音では読めません。軟音で読むために黙字の e を付け juge とすると，今度は u が開音節 (ju.ge) に現れることになり，長音 ū /juː/ となってしまいます (cf. huge /hjuːdʒ/)。u を短音にするには重子音字を用いることになりますが，ġ の場合，重子音字は ġġ ではなく dġ となります (cf. tch /tʃ/: hutch, kitchen)。[27]

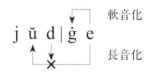

軟音化

j ŭ d | ġ e

長音化

măġ	dŏġ		băġ	brĭġ	ĕġġ	kĕġ	lĕġ
māge	dōge	cāge					(lĕġē)
Mădġe	dŏdġe	cădġe	bădġe	brĭdġe	ĕdġe	kĕdġe	lĕdġe
mătch	bŏtch	cătch	bătch		ĕtch	kĕtch	lĕtch

このように，元々黙字の前母音字 e が g が軟音であることを示し，前の母音字が短音であることを示すために d を付けたわけで，d のせいで g が軟音になっているわけではありませんが，d があれば g が軟音であることがわかることから，黙字の e は不要と思う人が接尾辞を付ける時に e を取って綴るようになりました (cf. change, changing, changer)。理屈からするとおかしな改変ですが，アメリカでは辞書編纂者のノア・ウェブスターがこの綴り -dgment を採用し，一般化しました。

---

[26] j /dʒ/ は語末では使えず，また，軟音 ġ は u の前では使えないため，juj, ġuġ と綴ることはできません。

[27] exaggerate /ɪgzǽdʒərèɪt/, suggest /səgdʒést, sədʒést/ のように，重子音字 ġġ で /dʒ/ となるものがありますが，通常は daġġer /dǽgər/ のように gg は硬音となります。dg について詳しくは「隠れ重子音字」を参照 (☞28, 34)。

27 xの3つの音価: x̥ /ks/, ẍ /gz/, ẋ /z/

　x も環境により発音が変わります。語頭は ẋ /z/，その他は x̥ /ks/ が基本です。母音に挟まれ先行母音に強勢がない場合に ẍ /gz/ となることがありますが，例外も少なくないので，単語ごとに発音を確認して覚えた方がいいでしょう。

語頭	ẋ /z/	xylophone xerox xenon
母音間で前に強勢なし	ẍ /gz/	exécutive exhíbit exíst exáct
その他	x̥ /ks/	éxecùte èxhibítion;
		express extend excess;
		box fix

x̥ /ks/, ẍ /gz/ 両方の発音があるもの

exit	/égzɪt, éksɪt/	exacerbate	/ɪgzǽsɚ-bèɪt, eks-/
exile	/éksaɪl, égzaɪl/	exhale	/ekshéɪl, egzéɪl/

　ゼロックス Xerox /zíərɑks/ でわかるように語頭の x は /z/ と発音されます。元素の xenon の x も /z/ ですが日本語では「キセノン」。x がギリシャ語の Ξξ（クシー，クサイ）に当たり，/ks/ を基にした発音であるためです。木琴 xylophone，キシリトール xylitol の xylo-, xyl- は「木」を表すギリシャ語からで，x は英語では /z/ と発音されます。

Xerox /zíərɑks/, xenon /zíːnɑn, zé-/, xenophobia /zènəfóʊbiə/
xylophone /záɪləfòʊn, zí-/, xylitol /záɪlɪtɔːl, -tàl/

　exhibit と exhibition（h は黙字）で x の発音が異なりますが，exhíbit, èxhibítion と強勢の位置が異なり，x の前の e に強勢があるかどうかに違いがあるためです。

exhíbit	/ɪgzíbət/	éxecùte	/éksɪkjùːt/
èxhibítion	/èksɪbíʃən/	exécutive	/ɪgzékjətɪv/

　x̥ /ks/, ẍ /gz/ が口蓋音化すると /kʃ/, /gʒ/ になります。（口蓋音化☞54）

28 重子音字と隠れ重子音字

07 で見た通り，bb, mm のように同じ子音字を重ねた重子音字は，単子音字と同じ発音を表します。

bb dd ff ll mm nn pp rr ss tt zz

単子音字 s には有声音 s̈ /z/ と無声音 s̊ /s/ がありますが，重子音字 ss は s̊s̊ /s/ が普通で，s̈s̈ /z/ (dessert, possess) は例外的です。

重子音字が現れるのは語中の音節間 (of.fer, les.son) か語末 (off, kiss) です。音節間の重子音字は音節末と音節先頭に分かれます (☞14)。h /h/ は音節末には生じず，音節末の /dʒ/ は j ではなく g で表記されるため，h と j の重子音字 (hh, jj) は用いられないことになります。

単子音字 c, k に対応する働きをする重子音字は cc, kk ではなく ck です。[28] 次のように単母音字の後に重子音字が用いられることがありますが，この環境では cc, kk ではなく ck が用いられます。

pass　spell　stiff　roll　stuff
pack　speck　stick　rock　stuck

cc は，同じ文字の連続という点では重子音字であると言えますが，単純に単子音字の音価と同じとはならない点で，bb, mm のような通常の重子音字とは異なります。c̆c̆ (ks) /ks/ は単子音字の連続 (c̆ /k/ + c̊ /s/)，c̆c̆ (kk) /k/ は子音 1 つ分しか発音されず重子音字扱いになります。

e, i, y の前	c̆c̆ (ks) /ks/	success accident
それ以外	c̆c̆ (kk) /k/	occasion account accuse
	ğğ (gg) /g/	giggle bigger

cc の綴りでは最初の c が必ず硬音になるため，c̆c̆ /s/ の綴り・発音はありません。理屈からすると ġġ も ğğ /gdʒ/ となり ġġ /dʒ/ にはならないはずですが，少数ですがあります。suggest の gg には 2 通りの発音があります。

---

[28] trek の変化形 trekked, trekking は例外。/trek/ の発音なら通常 treck と綴られるところですが，trek なのは借入語であるためです。pukka も借入語です。

ġġ /dʒ/   exaġġerate /ɪgzǽdʒərèɪt/
           suġġest   /sədʒést/
ğ̆ġ /gdʒ/   suğ̆ġest   /səgdʒést/

硬音 č /k/ と q /k/ が連続すると，重子音字の扱いになり，/kk/ ではなく，/k/ の発音になります。

čqu （kku）/kw/   acquire acquaint acquit

また，軟音 ċ (/s/) に s (/s/), x (/ks/) が先行する場合も，/s/ は 1 つ分しか発音されません。

sċ   （ss） /s/   scent scene science scythe
xċ   （kss） /ks/   except excess excite

文字の上では同じ文字の連続になっていませんが，発音上，重子音字と同じ扱いになることを捉え，ここでは「隠れ重子音字」と呼ぶことにします。

cf. 隠れ重子音字にならないもの
čċ   （ks） /ks/   success access succinct
sč   （sk） /sk/   scant scout scud screen
xč   （ksk） /ksk/   excavate excoriate

ch, g, j に先行する t, d も，それ自体は単独で発音されません。これについても重子音字の一種と捉え，bb, ll などの典型的な重子音字と区別する必要がある時は「隠れ重子音字」と呼ぶことにします。

tch （t /t/＋ch /tʃ/）/tʃ/   catch fetch pitch
dġ   （d /d/＋ġ /dʒ/）/dʒ/   badger bridge dodge
dj   （d /d/＋j /dʒ/）/dʒ/   adjective adjoin adjust

文字の名称の仕組み

文字の名称 A /eɪ/, B /biː/, C /siː/, … の発音もこれまで見てきた綴りの規則に従っています。

まずは大本のラテン語での名称の確認から。

A ā　B bē　C cē　D dē　E ē　F ef　G gē　H hā　I ī
K kā　L el　M em　N en　O ō　P pē　Q qū　R er　S es
T tē　U ū　X ix (ex)　　　Y ī Graeca　Z zēta

母音字 A, E, I, O, U は単独で，子音字には母音字を添えて，名称とします。子音字の発音が [s, f, l] のように伸ばして発音できる（継続音である）場合は前に，[b, k, d] のように伸ばせなければ後ろに母音字 e を付けるのが基本です。c と g は常に [k, g] です。<‾> が付いている ā, ē, ī, ō, ū は長母音で，[aː, eː, iː, oː, uː] と読みます。先頭から読むと，A アー，B ベー，C ケー，D デー，E エー，F エフ，G ゲー，… となります。母音は，開音節では長母音，閉音節では短母音となっています。

ラテン語では c, k, q は [k] を表しますが，cē, kā, qū と，添える母音で区別します。k, q はそれぞれ「a/u の前で使われる [k] の音の文字」ということで kā, qū と呼びました。

最後の X, Y, Z は後にギリシャ文字 Χ (chi, khi), Υ (upsilon), Z (zeta) を取り入れたもので，ī Graeca は「ギリシャの i」の意味です。

今度は，英語での名称について見てみましょう。

ā　bē　ċē　dē　ē　ĕf　ġē　(h)　ī　jā　kā　ĕl　ĕm　ĕn
ō　pē　qū　ār　ĕs　tē　ū　vē　(w)　ĕx　wȳ　zĕd (zē)

ラテン語では，母音字の読みは，開音節では長母音，閉音節では短母音でしたが，英語では長音と短音になります。母音の音価が大きく異なるのは，大母音推移と呼ばれる英語における歴史的な発音の変化を経て，[aː, eː, iː, oː] が [eɪ, iː, aɪ, oʊ] に変わったためです。[29]（☞ コラム p. 16）

---

[29] 中英語では [uː] はフランス語式に ou (ow) と綴られ，のちにこの変化を経て [aʊ] となりました（古英語 cū [kuː] → 中英語 cow [kuː] → 近代英語 cow [kaʊ]）。現在の u の長音は，フランス語の u [y] の発音から来たものです。

母音字 a, e, i, o, u は全て開音節なので長音 ā /eɪ/, ē /iː/, ī /aɪ/, ō /oʊ/, ū /juː/, wȳ /waɪ/ となります。長音が名称と同じなのは長音読みを名称としているからです。y の発音は i と同じですが，w が付けられ wy となり，i と区別されます。[w] が生じた理由はわかっていません。

次の子音字 1 では閉音節になるため，母音字は短音になります。

子音字 1　ĕf ĕl ĕm ĕn ār̆ ĕs ĕx　　　　　zĕd
子音字 2　bē ċē dē ġē jā kā pē qū tē ū vē zē

R の名称はラテン語では er でした。英語でも昔は er が使われていましたが，のちに ar に変わりました。

子音字 2 は開音節で長音となります。ċē, kā, qū の発音は，ラテン語での名称を継承しています。c と g はラテン語では [k, g] でしたが，e の前なので軟音 ċ /s/, ġ /dʒ/ になります。これは，フランス語での音変化に基づく綴り方を取り入れたことによります (☞21, 23, 25)。

昔は I と J，U と V の区別はなく，のちに母音字と子音字として分化した時に，子音字の J には次の K kā の母音 a を付け jā とし，V には B, C, D などに合わせ e を添え発音するようになりました。jē /dʒiː/ では ġē と発音が同じになってしまいますが，jā /dʒeɪ/ なら発音上も区別できます。

W は U/V の合字が 1 字扱いとなったもの。昔は "double U" とも "double V" とも呼ばれましたが，英語では前者が，フランス語では後者 (double V) が残りました。Z は，イギリス式なら zĕd，アメリカ式なら zē。zed はギリシャ文字 Z ζ の名称 zeta から。閉音節なので e は短音。zē は B, C, D などに合わせた名称で，開音節・長音となります。

ここまでの説明を基に音価と名称の関係を確認しましょう (下図は 05 の図と同じもの)。

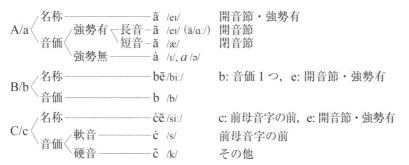

29節

37

30 語末の単子音字と重子音字 1： l と ll

　語末の l の数は，till では 2 つで，until では 1 つ。単子音字と重子音字の違いは何でしょうか。

　次の 1 と 2 を比べてみると，2 の組の方に違和感はないでしょうか。prill という単語を見たことがなくても，1 の方が自然に感じます。

1.　till – until　　April – prill
2.　til – untill　　Aprill – pril

till と until, prill と April の違いは何かと言うと，音節数，単語の長さです。till, prill は 1 音節で， until, April は 2 音節です。

1 音節　till　　prill
2 音節　un.til　A.pril

他の語を見ても，1 音節語では ll で，多音節語では l となっていることが多いことがわかります。

1 音節　　　roll　　　full　　　call　　　cell　　　ill
多音節　pa.trol　col.or.ful　log.i.cal　ex.cel　pen.cil

　1 音節語でも，l の前の綴りが「長い」場合，l は 1 つになります。

複母音字 (＋子音字)　　feel fool howl; pearl earl
単母音字＋子音字　　　curl hurl furl girl whirl snarl

roll, full のように，問題の子音字の前の綴りが単母音字のみ (1 字のみ) である場合を「短い綴り」「短綴り」と呼び，単母音字＋子音字，複母音字 (＋子音字) の場合 (2 字以上) を「長い綴り」「長綴り」と呼ぶことにすると，次のようにまとめられます。

多音節語　　　　　単子音字 l　un.til A.pril pat.rol log.i.cal
1 音節語　短綴り　重子音字 ll　till prill roll call
　　　　　長綴り　単子音字 l　feel pearl curl girl

31 語末の単子音字と重子音字 2: k と ck と c

今度は語末の /k/ の綴り k, ck, c について見てみましょう。

まず，ck と k の違いですが，l の場合と同様に，前が単母音字で綴りが短い場合に重子音字 ck が使われ，綴りが長いと k となります。

短綴り → ck	・単母音字	back peck trick rock luck
長綴り → k	・単母音字	thank desk milk pork sunk
	＋子音字	talk folk
	・複母音字	peak seek oak hawk book look;
	（＋子音字）	baulk oink

今度は ck と c ですが，1 音節語では重子音字 ck となる環境でも，多音節語では c が基本となります。[30]

1 音節語 ck	lick	stick	nick	trick	back
多音節語 c	pub.lic	plas.tic	clin.ic	e.lec.tric	ma.ni.ac

till と until だけを見ていては単子音字 l と重子音字 ll の使い分けに規則はないように思えますが，直前の綴りの長さ，音節数 (語全体の長さ) に着目し，k, ck, c など対象を広げて見てみると，他でも観察される規則に従っていることがわかります。

なお，フランス語からの借入語には /k/ を -que と綴るものもあります。これらではフランス語式に強勢は最後の音節に来ます。

unique picturesque oblique pique

次の組では，-ic(al) と -ique で強勢の位置が変わります。

téchnical phýsic
techníque physíque

---

[30] disc, bloc, spec, sec, doc などについては語源，語形成を考慮する必要があります。chic /ʃiːk/ はフランス語からの借入語で例外です。

32 語末の単子音字と重子音字 3： f と ff

　語末の重子音字 ff も，前が単母音字の時に使われます。ただし，「1 音節語 ff，多音節語 f」とはならないところが l や k, ck, c の場合とは異なります。[31]

短綴り	1 音節	staff　stiff　scoff　puff　bluff
	多音節	sher.iff　dis.taff　mas.tiff　bai.liff　plain.tiff
長綴り		leaf　roof　scarf　surf

　重子音字は単子音字と同じ発音なので，発音を変えずに綴りを長くする方法として，重子音字化が利用されています。

　なお，元々 2 字以上からなる複子音字の場合，重子音字化の対象となりません。-ed, -ing などの接辞を付ける時もそのままです。

-ph　/f/　graph
-th　/θ/　bath path smith broth
-sh　/ʃ/　ash fresh fish posh push

graph	graphed	×grapphed	×graphphed
fish	fishing	×fisshing	×fishshing

-gh /f/ も重子音字にはなりません。gh は元々 [ç, x][32] と発音されていましたが，thought, caught などでは脱落し黙字になり，enough などでは /f/ に変化し残ったものです。もし発音に合わせて綴り直されていれば，次の 2 の綴りになっていたでしょう。

1.　enough　rough　tough　laugh　cough
2.　enuff　ruff　tuff　laff　coff

---

[31] aperitif, motif, massif, serif, sharif, calif などは外来語です。

[32] [ç] は日本語の「ヒ」の子音に似た音。[k] は舌の奥を上に付けて破裂させる音ですが，[x] は [k] に対応する摩擦音です。

語末の単子音字と重子音字 4： s(e) と ss

　語末の重子音字 ss も，前が単母音字の時に使われます。ただし，f/ff と同様に，「1 音節語 ss，多音節語 s」とはなりません。dessert, possess のように語中で ss が /z/ と発音されることはありますが，語末では ss /s/。単子音字 s には s̊ /s/, s̈ /z/ の発音があります。

短綴り	1 音節	mass stress miss boss truss
	多音節	com.pass con.gress dis.miss a.cross dis.cuss
長綴り		lease loose sparse pulse sense; cheese noise

　単子音字 s の場合，名詞の複数形，動詞の 3 人称単数現在形の接辞 -s と区別するため，黙字の e が添えられます (☞62, 63)。e のない lens の綴りは例外です。

please	tease	lease	dense	cleanse	parse	sparse	hearse	rehearse
pleas	teas	leas	dens	cleans	pars	spars	hears	rehears

　premiss の綴りなら ss が接尾辞 -s でないことは明らか。語末の音節に強勢が来ない場合には e を付けても i の発音には影響しないので (☞52)，premise と綴っても s が接辞でないことがわかります。purchase, purpose の s も接辞でないことがわかります。

　次の語では単子音字 s の後に e は添えられていませんが，i, u は語末に生じることはないため，i, u の後の s は接辞とは解釈されません。

-is　　crisis fortis dais glacis
-us　　discus focus stimulus circus genius precious famous

馴染みのない単語でも，-us の s が接辞ではないことは一目でわかります。

harquebus rebus meniscus dingus; fuscous viscous mucous

もし rebus の s が接辞だとしたら元の形は rebu となりますが，u は語末には来られないため rebue と綴られます。接辞が付くと rebues になり，rebus と rebues の違いから，rebus の s は接辞でないことがわかります (☞62, 64)。

34 語末の単子音字と重子音字5: ch と tch, ge と dge

ch /tʃ/ の場合, "隠れ重子音字" (☞28) となっているため気付きにくいですが, tch として重子音字化されます。

短綴り → tch	・単母音字	catch sketch stretch switch
長綴り → ch	・単母音字	bench inch lunch pinch belch
	＋子音字	march church porch
	・複母音字	teach speech pouch touch;
	（＋子音字）	launch search

例外はありますが (e.g. attach), 多くの語はこのパターンに従います。例外には, 単純な例外だけでなく, such, much, which のように理由のある例外もあります (☞35)。

touch の発音は /tʌtʃ/ で, 発音としては短音ですが, 綴り上は複母音字です。もし ou でなく単母音字の u であったら, 重子音字を用い tutch と綴られるところです (cf. crutch /krʌtʃ/)。

g(e) /dʒ/ の場合, g を /dʒ/ と読ませるために黙字の前母音字 e を添えるので (☞23, 25) 少し話が複雑になりますが, 基本は同じです。ch に t を付け tch としたように, dg(e) の形で重子音字化されます。

短綴り → dg(e)	・単母音字	badge edge ridge dodge fudge
長綴り → g(e)	・単母音字	change singe indulge charge urge
	＋子音字	diverge
	・複母音字	stooge siege;
	（＋子音字）	scourge lounge scrounge

なお, dg(e) となるのは単母音字が短音の場合で, 長音の場合 (cage, huge など) は d は付きません。

35 語末の単母音字の後の ch の発音

単母音字の後で tch ではなく ch となるものですぐに思い浮かぶのは、入門期でも学ぶ次の単語でしょう。

much such which rich

これらに共通するのは機能語、頻度の高い基本的な語であることです。同じ（似た）発音の内容語の綴りと比較してみると、違いがわかります。

内容語　mutch　witch
機能語　much　which

20 で見た通り、伝統的には英単語は通常 3 文字以上で綴られ、文字数が足りない場合は、黙字 e を加えたり重子音字を使ったりして、3 文字にしますが、機能語、頻度の高い基本的な語は、2 文字以下でも認められます。

内容語　　dye toe owe; odd egg inn err
機能語等　my go to be in he is

if (↔ stiff)、this (↔ miss) などでも、普通は重子音字が使われるところに単子音字が使われています。

内容語なら重子音字で mutch と綴るところ、much では t が加えられないのは、通常適用される規則が機能語等については適用されず、短い綴りが使われるという他でも見られるパターンです。基本的な語は規則の適用外、あるいは基本的な語のみに適用される特別ルールがあるわけです。

1.　much such which; rich
2.　catch match watch sketch

上記 1 の語は「/tʃ/ は ch と綴られる」という大原則からは規則的、「ただし単母音字の後は重子音字 tch になる」という規則から見ると例外ということになります。しかし「機能語などでは一般的な規則が適用されず、短い綴りが用いられる」という観点からは原則に合っていることになります。

much の綴りは規則的かどうか。一見、答えるのが簡単な問いに見えますが、実は、これは、一言では答えられない問い。「規則的」の「規則」が何か

43

によって，答えも変わってきます。

　さて，単母音字の後では /tʃ/ は tch と綴られるとなると，次の綴りの発音はどうなるでしょうか。

-ach -ech -ich -och -uch

/tʃ/ がこの環境では tch と綴られるとなれば，/tʃ/ 以外の発音ということになります。次の対を見ると，違いがよくわかるでしょう。

stitch /stɪtʃ/
stich /stɪk/ （詩の）行＜ギリシャ語

問題の ch はギリシャ語[33]，ドイツ語などから来たもので，英語では /k/ で発音されます。

tch /tʃ/ -atch -etch -itch -otch -utch
ch /k/ -ach -ech -ich (-och -uch)

例　　 stomach cromlech distich epoch Mach Czech; tech
例外　 attach detach spinach lech

ch は /tʃ/ と読まれる可能性が残りますが，tch の場合は必ず /tʃ/ となります。これは，g に硬音 /g/ と軟音 /dʒ/ の発音があっても，重子音字 dg (e.g. judge) では常に /dʒ/ の発音になるのと同様です (☞26)。

-ch /tʃ, k/ reach, epoch　　 -tch /tʃ/ catch
-g /dʒ, g/ large, leg　　 -dg /dʒ/ judge

　このように，単母音字・複母音字，音節数，機能語・内容語など，概念・用語を明確にして綴りのパターンを明示的に述べていくと，一見関係のなさそうな，till/until の /l/ の綴りから stomach/epoch の ch /k/ の発音まで，英語の書記体系全体が相互に関連しながら繋がってきます。また，明示化することで，何が何の規則の例外かも明確になります。

---

[33] Christmas, school, chaos などの ch もギリシャ語から。

44

36 i, u が使えない位置 1: 語末

i, u は語末では使えないため，代わりに y, w を用います。例えば，tri, cou ではこの規則に反するため，y, w を使い try, cow と綴ります。

×tr*i*　　×stud*i*　　×co*u*　　×lo*u*
°tr*y*　　°stud*y*　　°co*w*　　°lo*w*

happi では i が末尾に来るので i を y にし happy としますが，-er, -ly が付いた happier, happily であれば i のまま，また，tie, sue のように黙字の e を添えれば語末でなくなるため i, u のままでもよいことになります。

次のように接辞が付くと y が i に変わるのは，語末でなくなるためです。

trȳ　　　→ trī　　+ ed　　→ trīed (trī.ed)
trȳ　　　→ trī　　+ (e)s　→ trīes (trī.es)
twentȳ → twentī + (e)s　→ twentīes　/-tiz/
twentȳ → twentī + (e)th → twentīeth　/-tiəθ/

-ing の場合，y が i にならないのは i の連続を避けるためで (☞67)，lie–lying, tie–tying で i が y に替わるのと同じです。try に接辞を付ける場合，語中形の tri にしますが，接辞が -ing の場合は，i の連続を避け i を y にするため，結果として y/i の交替が起きないように見えるわけです。

try　→　tri　→　tried
　　　　　　　→　triing　→　trying
tie　→　ti　→　tied
　　　　　　　→　tiing　→　tying

skiing は例外になりますが，これは ski がノルウェー語からの借入語であるためです。ラテン語 genius, radius の複数形 genii, radii も例外です。

本来 i は語末には生じないため，i で終わる語は外来語 (alibi, spaghetti, safari) や，比較的最近作られた語 (taxi (<taxicab), mini (<miniskirt)) ということになります。i, u で終わる I と you は例外的な綴りです。

外来の接辞 -i　Iraqi Israeli Kuwaiti Pakistani

37 | i, u が使えない位置2: 母音字間

i, u は母音字間に使えないため，代わりに y, w を用います。

×ro*i*al ×flo*u*er

°ro*y*al °flo*w*er 母音字間なので y, w を使用

°ro*i*l °flo*u*r 母音字間でなければ i, u で OK

母音字間 (y, w)： betra*y*al ro*y*al; rene*w*al vo*w*el to*w*er
その他 (i, u)： ga*i*ly tr*i*al da*i*ly; la*u*d ma*u*l fe*u*d
　　　　　　cf. ga*y*ly dr*y*ly dr*y*ness; dra*w*l o*w*l

cry+er が crier になるのに対し low+er が louer にならないのは，母音字間となるためです。

cry low new
crier lower newer
　　louer 'lover' neuer 'never'

昔は u/v の区別はなくどちらも母音字にも子音字にも用いていました。u/v は母音字間では子音字となり，louer, neuer は現代の綴りであれば lover, never と解釈され，この環境では母音字として u は使えませんでした。
　複母音字の後に -ed, -er のような母音字で始まる接辞が付くと母音字間になるため i, u は使えなくなり，語中でも y/i, w/u の交替は起きません。

複母音字	ai ei oi ay ey oy	au eu ou aw ew ow	try–tr*i*ed try–tr*i*al
単母音字	i y	u –	play　–pla*y*ed (×pla*i*ed) betray –betra*y*al

{ a e o } { y w } { ed er }　母音字に挟まれるため，
　　　　　　　　　　　　　y, w は i, u に交替できない

y は単独で母音字として使用できるため，前に子音字が来れば cry → cried/cries/crier のように i/y の交替が起きますが，w には単母音字の用法はないため，u への書き替えは起きないことになります。

38　vと黙字のe

　festival, never, civil のように v の後には母音字が来ますが，every /evri/,
wolves /wʊlvz/ のように v の後に母音がない場合には黙字の e を添えます。
　この制約は，昔 i/j, u/v の間に区別がなかったことに起因します。現在で
は，i, u は母音字，j, v は子音字と，字形の違いによる使い分けがあり，i と
j，u と v は異なる文字として扱われますが，およそ 17 世紀まではそれぞれ
同一文字の異なる字形でした。シェイクスピアの当時の作品を見ると iuſt
'just', serieant 'serjeant', vpon 'upon', braue 'brave' などの綴りが見られま
すが，母音字か子音字かは位置により判断されました。母音字間では子音字
と解釈され，例えば louer は 'lover' と解釈されました。'love' に当たる単語
は中英語では loue と綴られ，e は [ə] と発音され黙字ではありませんでした。
のちに [ə] は脱落しましたが，lou とはせずに e を残し loue と綴り，e は u が
子音字であることを示す役割を果たすことになりました。
　この用法は元から母音がなかった場合にも拡張され，語末の u [v] の後に
は e が付加されるようになりました。現代英語で基本的に v は語末に生じず
e を伴うのはこの習慣によります。語中でも euery 'every' /évri/ のように u
の後に子音が続く場合は e を添え u が子音字であることを示します。leaf /liːf/–
leaves /liːvz/ に見られるように単複の交替で v の後に e が挿入されるのも同
じ理由によります。wave の e は，a が長音であることを表示すると同時に，
v が子音字であることを示すために付けた母音字なので，-ing /ɪŋ/ や -y /i/ の
ように母音字で始まる接辞が続く時には不要となり，waving, wavy と綴られ
ることになります。なお，wave と同じ発音の waive の場合，複母音字 ai が
長音であることを示しており，e には長音標識としての働きはありません。
(cf. wave–waive vs. male–mail)
　believe, active のように語幹末子音が v の場合にも黙字 e を付けるため，動
詞 līve–形容詞 līve, hăve–behāve のように，e があっても長音か短音か判断
できなくなるため，単語ごとに覚えることになります。

短音	līve	hăve	cf.	wĭn	măt
長音	līve	behāve		wīne	māte

39 lの前の後母音字 a, o の発音

強勢のある al の発音を整理すると次のようになります。1 は長音 ā に，2 は短音 ă に子音字 l が続いたもので，既に見ているものです。

1. āl /eil/　tale scale male pale sale vale
2. ăl /æl/　calendar balance galaxy gallery
3. al̹ /ɔːl/　call wall always malt false halt
4. al̹ /ɔː/　talk balk calk stalk walk

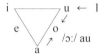

3 と 4 では母音字の発音が変わっています。これは後続する子音字 l によって短音が長音に変化したものです。little /litl/ の 2 つの /l/ の発音を比較してみると，最初の /l/ は明るく，2 つ目の /l/ は暗い感じの音です。前者を「明るい L (clear *l*)」，後者を「暗い L (dark *l*)」と呼びます。暗い L が現れるのは後ろに母音が来ない場合，言い換えると，後ろに子音が来るか語末で (milk, apple)，ウやオのような響きの音になります。歴史的に，この l と a の間に母音 [ʊ] が生じ (上の図の u←l を参照)，law, August などとともに，au /ɔː/ の発音になりました。talk, walk などの l はのちに発音されなくなったため黙字となっていますが (l̹は黙字を表す)，a の音価を示す働きをしています。(call, wall で l が重子音字となる理由☞30)

ol の発音は次の通り。

1. ōl /ooul/　a.　hole whole pole role holy stolen
              b.　old cold hold bolster; roll control patrol
2. ōl̹ (ōl)　folk yolk holm Holmes
3. ŏl /ɑl|ɔl/　a.　doll loll
              b.　folly polish abolish symbolic

o でも l との間に u が生じ ou /oʊ/ になったものがあります (óu /aʊ/ と ōu /oʊ/ ☞11)。後ろに母音は来ないので l は前の音節末に生じることになり，閉音節になります。閉音節なのに o が長音なのはこのような事情によります。発音上は長音ですが，綴り字上は短音扱いになるため，母音字で始まる接辞を付ける時は controlling, controllable, patroller のように l を重ねます。

40 w の後の後母音字・短音 a, o の発音

want, won のように，w の後で後母音字・短音の a, o は o, u の発音に変わる場合があります。

例

ă → ŏ	want	→ wŏnt	y		w
ar̄ → or̄	war	→ wor̄	i		u
ŏ → ŭ	won	→ wŭn		e	o↗
or̄ → ur̄	world	→ wur̄ld		a↗	

ar, or は or, ur に相当する発音 /ɔɚ, ɚː/ になります。これが warm が「ウォーム」で worm が「ワーム」になるからくりです。

歴史的には，w の後ろで a が o になる（wārm → wor̄m）のは発音上 w に引っ張られ a が o になったものですが，o が u になる（wor̄m → wur̄m）のは，u は w の後ろでは読みにくいため，本来 u と綴られるべきものが o に置き換えられたことによります。[34]

前ページで見た walk は後続の l による母音変化で，warm, work は先行する w による変化です。混同しやすいので注意しましょう。

worm（wur̄m）	work（wur̄k）
warm（wor̄m）	walk（waḻk）　cf. talk chalk

なお，軟口蓋音 /k, g, ŋ/ が後続する場合は ă /æ/ のままです。

wag waggish waggle wagon wangle wax swag swank swagger

また，この変化は長音には適用されず（wāke, wāre），短音でも活用形には適用されません（e.g. swăm, wŏrn）。swan（swŏn）/swɑn|swɔn/ と動詞の過去形 swăm /swæm/ では a の発音が異なります。

what（hwăt → hwŏt）でも同様の変化が起きますが，アメリカ英語では /hwʌt/ が優勢です。quarter, qualify, squat のように qu /kw/ の後で a が o に変わるものもあります。

---

[34] 歴史的な事情等について詳しくは大名力（2014）の pp. 41–43, pp. 214–26 をご覧ください。

41 第2長音 ä, ë, ï, ö, ü /ɑː, eɪ, iː, ɔː, uː/

father /fάːðɚ/, 英 banana /bənάːnə/ のように，a が ā /eɪ/ とは違う長音 /ɑː/
を表すことがあります。次に示すように，y を除く他の母音字に異なる音の
長音があります。2種類の長音を呼び分けるのに，「基本長音」「第2長音」
の用語を用います。第2長音には <¨> を付けることにします。

基本長音　ā /eɪ/　ē /iː/　ī /aɪ/　ō /oʊ/　ū /juː/
第2長音　ä /ɑː/　ë /eɪ/　ï /iː/　ö /ɔː/　ü /uː/

基本長音と第2長音の例を示します。

基本　ā /eɪ/　　a mate male; 米 tomato
第2　ä /ɑː/　　father; lager; 英 tomato banana fast

基本　ē /iː/　　me mete delete
第2　ë /eɪ/　　re beta suede cafe

基本　ī /aɪ/　　lion line file time
第2　ï /iː/　　trio machine marine police

基本　ō /oʊ/　　post lone rode
第2　ö /ɔː/　　米 cost long dog

基本　ū /juː/　　cue hue cute mule dune
第2　ü /uː/　　blue true rule cruel June

第2長音は，母音字のローマ字読みを長くしたような発音です。ë /eɪ/ は長
母音ではありませんが，英語には /eː/ の音がないので，それに類似した音と
いうことで /eɪ/ になっています。

次のページから，母音字ごとに第2長音が用いられる語について見ていき
ます。

42 a の第 2 長音 ä /ɑː/

a を /ɑː/ と読む語はいくつかの種類に分類できます。

1. 英 half staff pass fast bath; can't dance
2. 英 banana tomato
3. father ma mama psalm
4. fa spa lager

1 は特定の子音(字)の前で長音化するもの。米語では短音 ǎ で発音されます。

banana の第 2 音節の a は，米音では ǎ で短音，英音では ä で長音なので，分綴に違いが出ます (<·> は分綴可能な箇所を示す記号)。

米　ba·nǎn·a /bənǽnə/　ǎ は短音で nǎn は閉音節
英　ba·nä·na /bəná:nə/　ä は長音で nä は開音節

3 と 4 は英米どちらでも /ɑː/。fa, spa のように開音節に現れること，分綴では長音と同様に扱われるので，本書では長音として扱います。

分綴　fa·ther　la·ger　ma·ma /má:mə|məmá:/
cf.　gǎth·er　　　　măn·or

4 は外来語 (lager はドイツ語より)。fa /fɑː/ は音階のファでイタリア語から。この ä は閉音節にも現れます。次のような固有名詞などにも見られます。

バッハ　Bach　/bɑːk, bɑːx/
マッハ　Mach　/mɑːk, mæk/

ä /ɑː/ はラテン語の語句でも用いられます。詳しくは 48 を参照。

ä priori /à:prió:ri/
ā priori /èɪpraɪó:raɪ/

43 eの第2長音 ë /eɪ/

ë /eɪ/ は外来語で原音に近い音として用いられます。suede, suède「スエード」/sweɪd/ はフランス語から。また英語では開音節に短音 ĕ /e/ は現れることができないため，代わりに ë /eɪ/ が用いられます (-é /eɪ/: café, fiancé, résumé)。音楽のドレミのレ re は，rë または rē。ラテン語由来の前置詞 re (「～について」) は，rē または rë。

beta なども，元のギリシャ語の発音に近い第2長音を用いた発音と，英語化した基本長音を用いた発音とがあります。

基本　ē /iː/　　rē bēta thēta zēta
第2　ë /eɪ/　　rë bëta thëta zëta

Θθ の日本語名は複数ありますが，これは基づく発音の違いによります。

テータ	theta	ギリシャ語での発音 θήτα, θ (th) [tʰ]
セイタ/セータ	thëta	th /θ/, e は第2長音
シータ	thēta	th /θ/, e は基本長音

次の日本語からの借入語では強勢のない e は弱化し ė /i/ と発音されます。

sake　　/sáːki/　　　(sä.kė)
karaoke　/kærióʊki/　(kăr.ȧ.ō.kė)

人名でも ė /i/ となることがありますが，原音に近い音を保つ場合には ë /eɪ/ が用いられます。なお，Terué, Sumié のように，末尾の e が黙字でないことを示すために，名前の綴りに é を用いる人もいます。

pokémon (ポケモン [pokemoɴ]) の e に付いているアクセント記号 <´> は，e が黙字でないことを示すために付けられたもの (cf. poke /poʊk/)。発音は，日本語の /e/ に近い音を維持する場合は ë /eɪ/ となりますが，弱化すると ė /i/, 後ろに子音が続くためさらに弱化すると /ɪ/ となります。

pō.kė.m.ŏn　/-kɪ-/
pō.kė.mŏn　　/-ki-/
pō.kë.mŏn　　/-keɪ-/

44 ï の第 2 長音 ï /iː/

借入の時期は異なりますが chic も pique もフランス語からの借入語です。フランス語の i [i] の音質は，英語の ĭ /ɪ/ より ï /iː/ に近く，閉音節でも後者が用いられます。

閉音節　chic　　/ʃiːk/
開音節　pi.qué　/piːkéɪ|píːkeɪ/

フランス語経由で借入されたイタリア語の trio では i は開音節なので英語では短音 ĭ /ɪ/ は不可で，第 2 長音の ï /iː/ が用いられます。

基本　bī.o /báɪoʊ/
第 2　trï.o /tríːoʊ/

machine, police などは，日本人からすると，いかにも英語という感じがしますが，元々フランス語からの借入語で，語末に黙字の e が付きます。

po.lï.ce ma.chï.ne ma.rï.ne

この e は "マジック e" と同様に先行母音字が長音であることを示す働きをしています。

強勢あり　/aɪ/　-īce　-īne　基本長音　suffīce　declīne
　　　　　/iː/　-ïce　-ïne　第 2 長音　polïce　marïne
強勢なし　/ɪ/　-ĭce　-ĭne　弱母音　　offĭce　engĭne
　　　　　(→ /ə/　-ice　-ine)

次は -ique /iːk/ の例。フランス語経由のラテン語由来の語に多く見られます。強勢は最後の音節に来ます。-ic /ɪk/ で終わる語との強勢の位置の違いに注意してください。

techníque critíque physíque antíque clique pique
téchnic crític phýsic ántic

45 o の第 2 長音 ö /ɔː/

次の語の a は，米音では短音 ă /æ/ ですが，英音では a は後続の /f, s, θ/ の影響で長音化し，第 2 長音 ä /ɑː/ となります。

英 /ɑː/　staff shaft grass pass ask last bath path

次の語では逆に，英音では短音 ŏ /ɔ/ になりますが，米音では ö /ɔː/ が使われます。ö /ɔː/ は複母音字 au /ɔː/ と同じ発音です。

米 /ɔː/　loft toss cost froth long

dog の o は，米音では長音の dög /dɔːg/ または短音の dŏg /dɑg/，英音では短音の dŏg /dɔg/ になります。dog /dɔːg/, fog /fɔːg/, log /lɔːg/ と発音すれば，音声上は長音 (ö=au) ですが，綴り字上は短音扱いで，接辞を付けるときは，dogging, fogging, logging と g を重ねて綴ります。

do re mi fa [dó ré mí fá] の母音は日本語話者にとっては何でもない発音ですが，英語では強勢のある開音節に短音が現れることはできないため (☞13)，長音を用いることになります。a, e, i では基本長音を用いると元のイタリア語の発音と大きくずれるため第 2 長音が用いられますが，o では基本長音が使われます。

基本長音　dō　/doʊ/
第 2 長音　rë　/reɪ/ または基本長音 rē /riː/
第 2 長音　mï　/miː/
第 2 長音　fä　/fɑː/

このように，a, e, i, u と違い，o は外来語にも基本長音 ō /oʊ/ が使われることが多く，第 2 長音は上で見た long, loft のような米音での長母音化のケースが主になります。

46 uの第2長音 ü /uː/

長音 ū /juː/ の /j/ は特定の子音の後で脱落することがあります。これは eu, ew, ui /juː/ でも見られる現象です。

grew	blew	chew	new	neutral	fruit	juice	suit
/gruː	bluː	tʃuː	n(j)uː	n(j)úːtrəl	fruːt	dʒuːs	s(j)uːt/

次の1は常に /j/ なし，2は方言・語による違いがあります。

1. /uː/　　blue true rule cruel rue June
2. /(j)uː/　glue lucid lumen nuclear nutrition due sue

借入語で原語の [u(ː)] を ü /uː/ と発音することは多いのですが，上記の例も含め，ü /uː/ を含むものは語源的には様々です。

ラテン語 sui lumen ハワイ語 hula; 人名 Sue Luther Kublai

基本長音 ū /juː/ の /j/ が落ちたもので基本長音に準ずるものか，第2長音かは判断しにくいことも多く，また区別するメリットも特にないので，明確な場合を除き，同じ記号を用い区別しないことにします。

47 o の発音 ō /oʊ/, ŏ /ɑ|ɔ/, ö /ɔː/, o̍ /ʌ/

　o の発音の厄介なところは，数が多いだけでなく，発音が日本人にとって識別しにくいものであることです。

ō /oʊ/　　go
ŏ /ɑ|ɔ/　god
ö /ɔː|ɔ/　dog　（米 ö /ɔː/，英 ŏ /ɔ/）
o̍ /ʌ/　　cover

他の単母音字は，母音字ごとに見た場合，発音の識別は難しくありません。

ă /æ/　ā /eɪ/　ä /ɑː/
ĕ /e/　ē /iː/
ĭ /ɪ/　ī /aɪ/　ï /iː/
ŭ /ʌ/　ū /juː/　ü /uː/
y̆ /ɪ/　ȳ /aɪ/

/iː/ (seat) と /ɪ/ (sit) の識別は難しくても，e の長音と短音は /iː/ と /e/ なので，発音が原因で e の音価について迷うことはありません。

serēne　　/-riːn/
serĕnity　/-ren-/

それに対し，o の場合，表す音価が多いだけでなく，その発音 /oʊ, ɑ, ɔ, ɔː, ʌ/ の間の区別が日本人には難しく混乱しがちです。

pōst /poʊst/　　cŏmplement /kɑm-|kɔm-/　dŏnkey /dɑŋki|dɔŋ-/
cöst /kɔːst|kɔst/　cȯmfort　　/kʌm-/　　　mȯnkey /mʌŋki/

複数の発音が可能な場合があることも混乱しやすい原因の1つです。

ŏ /ɑ|ɔ/　prŏcess　prŏgress　米（英）
ō /oʊ/　prōcess　prōgress　英

また外来語として入っている語については日本語での発音も判断を迷わせる原因になります。

カバー	cȯver	オナー	hŏnor	ホスト	hōst	オーブン	ȯven
カラー	cȯlor	ドナー	dōnor	ポスト	pōst	ハニー	hȯney
カラー	cŏllar	ホバー	hȯver	コスト	cȯst	オニオン	ȯnion
			hŏver		cŏst	スポンジ	spȯnge

したがって，英語での発音の違いをしっかりと身に付けるとともに，個々の単語の発音を覚えていく必要があります。

　発音の類似が混乱の原因の１つですが，似ているが故に，他に問題がなければ，間違ったり曖昧に発音したりしても，それで通じなくなることはあまりありません。通じないわけではないので曖昧なままでも不便はない。上級者であっても改めて確認するとoの発音がどれだか判断が付かないことがあるのには，こういう事情もあるかもしれません。

48 ラテン語由来の前置詞の発音

次のラテン語由来の前置詞の母音字 a, e, i は，元のラテン語の発音に近い第 2 長音，または英語化して基本長音で読まれます。

ä,	ā	/ɑ:, eɪ/	rë,	rē	/reɪ, ri:/
vīa,	vïa	/váɪə, ví(:)ə/	dë,	dē	/deɪ, di:/

「デファクトスタンダード」のように，最近では日本語でも「デファクト」「デ・ファクト」という言葉を使いますが，この「デ」はラテン語の前置詞 de。英語での発音は dë /deɪ/, dē /di:/，短くなって dė /di/。どの発音が優勢かは方言・単語で異なります。

de facto /deɪfǽktoʊ, di-/　　de jure /di:dʒúəri|deɪ-/

「先験的」の意味の「アプリオリ」はラテン語の "a priori" から。前置詞 a は，英語では ä /ɑ:/, ā /eɪ/ と発音されます。

a priori　　　/à:prió:ri|èɪpraɪó:raɪ/
a posteriori　/à:poʊstì(ə)rió:ri|èɪpɔstèrió:raɪ/

via もラテン語由来の前置詞。i は開音節にあるので長音，発音は vīa /váɪə/ または vïa, /ví(:)ə/。

VIA AIR MAIL　　航空便（エアメール）で
via email　　　　email で
via London　　　ロンドン経由で

電子メールの件名欄でよく見る re（Re: ...）。「物」を意味するラテン語 res に由来し，「〜について」(concerning, regarding) を表す前置詞です。基本長音を用いた rē /ri:/ が一般的ですが，第 2 長音の rë /reɪ/ の発音もあります。

in（〜の中で），circa（およそ，約）の i は，閉音節で短音（ĭn, cĭrca）。これは長音にはなりません。

in vitro /ɪnví:troʊ, -vítroʊ/　　in vivo /ɪnví:voʊ, -váɪvoʊ/

なお，通常，辞書では a priori, in vitro は句の形で見出しとなっています。

58

49 複母音字と単母音字＋黙字 e の違い

　〈複母音字〉と〈単母音字＋黙字 e〉は，どちらも 2 字で発音が長音となるため混乱しやすいので，ここまでのところを踏まえ，整理しておきます。（強勢なしの ie は長音ではなく /i/。）

・複母音字

　　ee　　ōo/ŏo　　ai ei oi　　au eu ȯu ōu　　ie ei ui

　　ēa/ĕa　oa　　　ay ey oy　　aw ew ȯw ōw

・単母音字＋黙字 e

　　-ie -oe -ue

　　-ye

　複母音字を含む単語の例は既に見たので（☞08, 11），ここでは〈単母音字＋黙字 e〉の例を確認しましょう。u は ū / juː/ または ü /uː/ です。[35]

-ie: tie pie die lie　　　-oe: toe doe hoe roe
-ye: bye dye rye　　　　-ue: blue true cue

　次のように並べて見ると，ay, ee, ie, ue はどれも同じように 2 字で 1 つの長音を表しているように見えますが，仕組みは異なります。

say　/seɪ/　　see　/siː/
tie　/taɪ/　　sue　/sjuː/

ay, ee が /eɪ, iː/ と長音になるのは，2 文字の複母音字だから。母音字それ自体で長音であることを示しているので，子音字が続いて閉音節になっても長音のままです（ay は語中では ai）。

train mail paint teen steel seem

ie, ue は単母音字 i, u に黙字 e が続いたもので，i, u が長音なのは開音節にあるからです。

---

[35] ū /juː/ が ü /uː/ になるのは，/r, l, n, s/ などの後で /j/ が脱落する現象で，ew, ui でも見られます。例 flew /fluː/, grew /gruː/, fruit /fruːt/, suit /s(j)uːt/

開音節・長音	tī.e	dī.e	lī.e	cū.e	rü.e	sü.e	trü.e
閉音節・短音	tĭn	dĭm	lĭt	cŭt	rŭn	sŭm	trŭnk

次の語のように母音字で終われば開音節であることは明らかですが，i, u の場合，通常語末に使えないため上記の語では e が加えられています。

開音節・長音　ā bē hī nō mū mȳ

母音字 e なら開音節構造を崩さずに済みます。こういう事情で添えられる e なので，この ie, ue の組み合わせが現れるのは語末となります。語中の ie は別のもので，（cu.es, ti.ed などのケースを除いて）e は黙字にはなりません。dī.et の ie は単母音字の連続で，e は黙字にはなりません。

複母音字 ie	field	niece	piece	
単母音字 i＋単母音字 e	dī.et	quī.et	dī.el	so.cī.e.ty
単母音字 u＋単母音字 e	dū.et	dū.el	crü.el	

　ay の y はもちろんのこと，ee の 2 番目の e も黙字ではないので，接辞を付ける時も残ります。ie, ue の e は黙字なので，-ing のように母音字で始まる接辞が付けば，不要となります。[36, 37, 38]

saying	paying	dying	tying (ti.e → ti.ing → ty.ing)
seeing	freeing	cuing	gluing

このように，〈複母音字〉と〈単母音字＋黙字 e〉は，一見，同じもののように見えますが，発音の仕組みは異なり，出現位置や接辞付加の際の操作に違いが生じるため，区別して扱う必要があります。

---

[36] -er, -ed の場合は，e の 3 連続を避けるために特殊な規則が適用され，seer, freer, freed のようになります (☞72)。

[37] dye–dyeing で e を残すのは，die–dying との区別のため。cf. change–changing, singe–singeing

[38] 3 文字の短い単語では，綴りが変化すると認識しにくくなるので，cueing, toeing, hoeing のように通常の規則が適用されないことがあります。cf. us(e)able vs. refusable, flier/flyer, drier/dryer

50 弱母音： 強勢のない音節に現れる母音

弱音節の母音は弱く曖昧な音になります。「曖昧母音」(schwa /ʃwɑː/) と呼ばれる /ə/ に加え様々な弱母音があります。弱化が進むと脱落します。

1. /ə/   *a e o u*; *ou*
   例 *a*ttáck fú*e*l cómm*o*n álb*u*m; fám*ou*s

2. /ɚ/   *ar er ir or ur yr*
   例 cóll*ar* swímm*er* mírr*or* Sát*ur*day márt*yr*

3. /i, ɪ, ə/   *ĭ ў ė̇; ai ay ey ȧ*
   例 vís*i*t cít*y* róok*ie* rėmémber apóstrophė̇;
   cért*ai*n Súnd*ay* /-di/ mónk*ey* víll*a*ge

4. /(j)u, (j)ə/   *ū eu*
   例 cúm*u*late ridíc*u*lous pn*eu*mónia /nju-, (njuː)/

1の単母音字は強勢があれば短音となるものが弱化して /ə/ となったものです。famous, generous などの -ous は元々 /uːs/ と発音されていましたが，短化・弱化していき /əs/ となったものです。[39]

ous: /uːs/ > /us/ > /ʊs/ > /ʌs/ > /əs/

2の /ɚ/ は「短音＋r」が弱化したものです。

3は短音 (ĭ, ў, ė̆) あるいは長音 (ē, ai, ay, ey, ā) で前母音となるものが弱化したもの。閉音節では /i, ɪ, ə/ になりますが，開音節では緊張音の /i/ です。ė̇ と ȧ の上の点は「i の発音になるので i と同じ点を付ける」と考えると覚えやすいでしょう。手書きでは斜体の代わりに下線を引きますが[40]，弱母音であることを明示しなくてもよいことが多いでしょう。以下，表記が煩雑になるのを避け，特に /i, ɪ, ə/ を区別する必要がなければ，ė̇, ȧ でまとめて表すことにします。

4は長音 ū, eu が弱化したもの。環境によっては /j/ が脱落します。

---

[39] ノルマン・コンクェストの後，/uː/ を表すのにフランス語式の ou (ow) が用いられ，/uː/ はのちの音変化で /aʊ/ となりました。house, cow も昔は /huːs/, /kuː/ と発音されていました。

[40] 以前タイプライターまたは手書きで原稿を作成する時はイタリックにする個所に下線を引いて示しました。原稿: the word <u>the</u> → 印刷時: the word *the*

51 強音節と弱音節

　英語では，母音字の音価，綴りを考える際，強勢の有無の区別は重要なポイントとなります。例えば experiment は動詞と名詞で強勢のパターンが異なり，最後の音節は強勢の有無により母音字の発音も異なります。同様に，graduate も動詞では第3音節に第2強勢があり -àte /-èɪt/ ですが，名詞では強勢がなく -àte /ɪt/, -ate /ət/ となります。

動詞	expérimènt /mènt/	動詞	gráduàte /èɪt/
名詞	expériment /mənt/	名詞	gráduate /ɪt, ət/

　強勢があれば /eɪ/ と発音される綴りが，弱音節で /i, ɪ, ə/ となるのは，-ate に限らず，他でも見られます。

強	ay	/éɪ/	day allay
弱	*ay*	/i/	Sunday /sʌ́ndeɪ, -di/

強	ey	/éɪ/	survey obey
弱	*ey*	/i/	monkey alley

強	āte	/éɪt/	late mate
弱	*a*te	/ɪt/	private chocolate

強	āge	/éɪdʒ/	age page
弱	*a*ge	/ɪdʒ/	village cottage

強	ain	/éɪn/	sustain ascertain lain
弱	*ai*n	/ən/	captain certain villain

　強勢の有無を考慮に入れ綴りと発音の関係を考察すると，見え方が変わってきます。例えば，field「フィールド」の ie と，cookie「クッキー」の ie は一見同じものに見えますが，前者は強音節に，後者は弱音節に現れており，区別が必要になります。

強音節	field niece piece
弱音節	cookie rookie

前者は強音節に現れる複母音字・長音の ie /iː/ で，後者は弱音節に現れる i の弱母音 i /i/ に黙字の e が付いたものです。

field 　　強音節　　複母音字　　長音 ie /iː/
cookie 　弱音節　　単母音字　　弱母音 i /i/＋黙字の e

i に黙字 e が付くのは i は語末に使えないという制約 (☞36) のためなので，この ie は語末に現れることになりますが，強音節の複母音字 ie は語中に現れるため，両者は使われる位置が異なることになります。

　なお，語末に現れる「単母音字 i＋黙字の e」は，強勢が来ると単母音字 i が長音となるため，全く別の発音になります。

語中　複母音字　長音 /iː/ 　　　　　field　niece　piece
語末　単母音字　長音 /aɪ/＋黙字 e　pīe　tīe　līe　dīe

　次の ey も一見同じものに見えますが，別の扱いが必要になります。

強音節　key
弱音節　monkey money

monkey の ey は弱音節に現れる ey /i/ で規則的ですが，強音節では ey の発音は /eɪ/ が普通です (e.g. they, obey, survey, grey)。強音節で ey を /iː/ と読む key は例外として扱った方が規則が見えやすくなります。

　English, eraser の語頭の /ɪ/ も一見同じものに見えます。

強音節　例外　　Énglish Éngland prétty
弱音節　規則的　èráser cóllège wántèd

しかし，eraser の è /ɪ/ が弱音節に現れる規則的な発音であるのに対し，English の E は強音節に現れており，/ɪ/ の発音は不規則で例外です。[41]

　英語の発音において強勢が重要であるのはもちろんのことですが，綴りの音価を考える上でも，欠かすことのできない重要なポイントであることがわかります。

---

[41] England, English の E /ɪ/ は，元は Ĕngland, Ĕnglish で発音と綴りが一致していました。ink, wing は発音が /e/ から /ɪ/ に変わった時に綴りも i にしましたが，England, English は綴りを変えなかったため生じた例外的な綴りです。

52 弱音節の音節構造

　不定冠詞のaとanは，強勢がある場合は音節構造に応じて，開音節ならā /eɪ/，閉音節ならăn /æn/ と，母音の音価が異なりますが（☞13），強勢がない とどちらの母音も弱化し /ə/ となり，a /ə/, an /ən/ となります。

	強音節	弱音節
閉音節	ăn /ǽn/	an /ən/
開音節	ā /éɪ/	a /ə/

このように弱音節には開音節も閉音節もあり，強音節で見られた母音字の長 短の対立がなかったり，不明瞭であったりします。

　-ing などの接辞を付加する時に重子音字を用いるのは，閉音節構造を作り 出し短音であることを示すためですが，強勢がなければ長短の対立はなく， 閉音節とする必要がないため，重子音字は用いられません。

begínning　referring　deférring　occúrring　referring
vísiting　óffering　díffering　devéloping　réference

上の例の begin では最後の音節に強勢があり，nを重ねないと be.gī.ning /bɪɡáɪnɪŋ/ となってしまうためnを重ねて be.gĭn.ning とします。これに対し， visit では最後の音節に強勢はなくiは弱母音となるため閉音節でも開音節で もよく，vis.i.ting となってもiの音価は変わらないため，tを重ねる必要はあ りません。

　age の綴りは単独では āge /eɪdʒ/ ですが，víllage では強勢がないため弱化 し -age /ɪdʒ/ となります。edge も弱音節では -edge /ɪdʒ/ となります。動詞 gráduàte（卒業する）では最後の音節に第2強勢が来るので長音の -āte /eɪt/ と なりますが，名詞 gráduate（卒業生）では無強勢で -ate /ət/ となります。

áge /éɪdʒ/　　　　edge /édʒ/　　íce /áɪs/　gráduàte /èɪt/
víllage /ɪdʒ/　knówledge /ɪdʒ/　óffice /ɪs/　gráduate /ət/

　このように，語末の弱音節では長短の対立が曖昧になりeの有無が発音に 影響を及ぼさないこともあるため，発音上は意味を持たない黙字のeが付け

られることがあります。したがって，次の例からわかるように，語末の e の
有無は単語ごとに覚える必要が出てきます。

ǐ /ɪ/　　　violín　　berlín

| órigin | márgin | vítamin | | pósit |
| éngine | imágine | exámine | médicine | óppósite |

ī /iː/　　machíne　màgazíne　gásolìne　routíne　políce
ī /ai/　　combíne　refíne　reclíne

強勢あり　　/ín/　　　-ĭn（violin）
強勢なし　　/ɪn, ən/　-in（margin）　-ine（engine）
強勢あり　　/áɪn/　　　　　　　　　　-īne（refine）
強勢あり　　/íːn/　　　　　　　　　　-īne（machine）　-ēne（serene）

黙字の e，強勢の有無を踏まえ整理すると -in, -ine の発音は次の表のよう
になります。

-in /(ə)n/	-ín /ín/	-ĭn /ɪn/	-ĭne /ɪn/	-ĭne /íːn/ /iːn/	-īne /ain/
cousin	violín	órigin	éngine	machíne	divíne
raisin	begín	márgin	exámine	magazine	declíne
basin		cábin	féminine	maríne	refíne
Latin		dólphin	fámine	routine	
bulletin		cóffin	díscipline	vaccine	túrbine
(bulletin)		vítamin	médicine	sardine	(túrbine)
		mánnequin	(médicine)	limousine	féline
				nicotine	álpine

52節

65

53 語末の ey の発音： 強音節 /eɪ/, 弱音節 /i/

語末の ey の発音は強勢の有無によって発音が大きく異なります。

強勢あり　/eɪ/　they obey survey grey prey convey purvey trey
強勢なし　/i/　monkey money jockey journey valley pulley alley

強勢があると発音は /eɪ/ (théy, obéy, préy, survéy)。kéy では /iː/ と発音されますが，これは例外です。強勢付きの ey /eɪ/ に r が付くと eir /eɚ/ になりますが，これは a /eɪ/, ay (ai) /eɪ/ の場合と同じです。

a /eɪ/　ar /eɚ/　　hare　pare　fare　care
ai /eɪ/　air /eɚ/　　hair　pair　fair
ei /eɪ/　eir /eɚ/　　heir　their

　強勢がないと /i/ となりますが，/éɪ/ が強勢を失い /i, ɪ/ (→ /ə/ →脱落) へ変化するのは，dáy /eɪ/–Súnday /-deɪ, -di/, àscertáin /-téɪn/–cértain /-tən, -tn/ などでも見られます。語末は開音節なので，弛緩音 /ɪ/ ではなく，緊張音の /i/ になります。強勢のない語末の -y, -ie, -ey はどれも基本的には /i/。どの綴りになるかは予測は付かないので，1 つ 1 つ覚えることになります。複数の綴りがあるものもあります。

cooky　whisky　Barkly
cookie　whiskey　Barkley

マネー money /mʌ́ni/, メドレー medley /médli/, バレー volley /vάli/ のように「エー」で日本語に入っているものは要注意。人名では「エー」のもの，「イー」のものがありますが，どちらも英語での発音は同じ /i/ です。

バークレー	Barkley	ジェフリー	Geoffrey
ハレー	Halley	ハンフリー	Humphrey
ハーレー	Harley-Davidson	マッキンリー	McKinley
リンゼー	Lindsey	マッカートニー	McCartney

Disneyland の Disney を "Disny" と綴る間違いは少なくないようです。

54 c, s, z, t, d の口蓋音化 (/ʃ, ʒ, tʃ, dʒ/)

日本語では，sa si [ʃi] su se so, ta ti [tʃi] tu te to のように，[i] の前で [s, t] が [ʃ, tʃ] になりますが[42]，このように隣接する音の影響で「シュ，チュ」のような音に変わることを「口蓋化」「口蓋音化」と言います。/s, t/ が /ʃ, tʃ/ に変わる現象は，discuss–discussion, suggest–suggestion に見られるように，英語でも見られます。日本語と大きく異なるのは，英語では弱音節に限られるという点です。[43] 弱音節で強勢がないため母音は口蓋音化を引き起こした後，脱落することが多くなります。

suggest	quest	state	motor	reflect
suggestion	question	station	motion	reflection

discuss	fuse	office	face	fact
discussion	fusion	official	facial	factual

question のように -sti- の場合は，/ti/ → /tʃi/ (→ /tʃ/) となりますが，motion のように ti の前に s がない場合は，さらに変化し /tʃi/ → /ʃi/ (→ /ʃ/) となります。

他の例

immediate /ɪmíːdiət, -dʒət/, educate /édʒəkèɪt|édju-/
oceanic /òʊʃiǽnɪk/, ocean /óʊʃən/
gaseous /gǽsiəs, 米 gǽʃəs, 英 géɪ-/

music, magic の硬音 c は，-ian が付くと軟音 c /s/ になり，弱音節で口蓋化し /ʃ/ になります。

music	/mjúːzɪk/	magic	/mǽdʒɪk/
musician	/mjuːzíʃən/	magician	/mədʒíʃən/

---

[42] 精密表記では [ɕ, tɕ] で表される音で，英語の [ʃ, tʃ] とは少し異なる音です。

[43] súgar /ʃʊ́gər/, tune /tjuːn, tʃuːn/, issue /íʃuː/ のような例外もあります。

下の表に挙げたのは，/dʒən, ʒən, ʃən/ で終わる語のうち，ion の前の音節が単母音字のもの (* は単母音字が短音のもの)。

	-ġion /dʒən/	-s̈ion /ʒən/	-ssion /ʃən/	-tion /ʃən/	-shion /ʃən/
a	contāġion	invāsion	păssion	nātion	*făshion
e	rēġion	cohēsion	sĕssion	delētion	
i	*relĭġion	*vĭsion	mĭssion	*posĭtion	
o		explōsion		mōtion	
u		fūsion	discŭssion	solūtion	*cŭshion

-ssion の場合，ss が重子音字で無声音，前が閉音節になるので母音字は短音になります。

短音　păs.sion　sĕs.sion　mĭs.sion　dis.cŭs.sion

-gion, -sion, -tion の前は開音節で母音字は長音になりますが，前が i の場合は短音の ĭ です (上の表にはありませんが，下では suspicion の例を加えています)。

長音 ā　in.vā.sion　nā.tion　　　　　長音 ū　fū.sion　so.lū.tion
長音 ē　rē.gion　co.hē.sion　de.lē.tion　短音 ĭ　re.lĭ.gion　vĭ.sion
長音 ō　ex.plō.sion　mō.tion　　　　　　　　po.sĭ.tion　sus.pĭ.cion

-nsion, -lsion の sion は /ʃən/ (e.g. intension, expansion, compulsion)。-rsion の sion は /ʃən/ の場合と /ʒən/ の場合があります。次の単語は，米音では /ʒən/，英音では /ʃən/ が優勢です。

version excursion dispersion

recursive /-sɪv/ の s は無声音 /s/ ですが，recursion /-ʒən|-ʃən/ では米音は有声音，英音は無声音が優勢となります。

-se　/s/　　　　　verse　reverse　converse　disperse
-sion　/ʒən|ʃən/　version　reversion　conversion　dispersion

無強勢の語末の /dʒən, dʒɪn/ の綴り

　無強勢の /dʒən, dʒɪn/ の発音となる語末の綴りは 55 で示したもの以外にもいくつかあります。smidgeon, smidgen, smidgin ("a . . . of"「少量の」) のように 1 語で 3 つの綴りがあるものもあります。

-(d)ġen /dʒən/	-(d)ġeon /dʒən/	-(d)ġin /dʒɪn, dʒən/	-ġion /dʒən/
hydrogen	pigeon	virgin	region
oxygen	surgeon	margin	religion
	dungeon	origin	
smidgen	widgeon	pidgin	
trudgen	bludgeon	smidgin	

　dg は隠れ重子音字で (☞28), 先行単母音字に強勢があれば短音になります。pīgeon に d はありませんが, 母音字は短音です。

wĭdgeon dŭdgeon

dungeon には /-ʒən/ の発音もあります。

57　黙字の子音字 1

次の子音字の組み合わせでは下線部の子音字は黙字になります。

kn-	knife knack knead knee knight knit knob knock
gn-	gnash gnaw gnome
wr-	wrack wrap wrath wreck wrench wrestle wrist write
-gh(-)	high night thought bought fought
-mb	climb comb dumb lamb tomb thumb limb numb

これらは元々発音されていたものが脱落後も綴りに残ったものです（ただし，thumb, limb, numb のように後で追加されたものもある）。knife, night, climb の発音しない文字も昔は発音されていたわけです。knowledge, gnostic では k, g は黙字ですが，acknowledge, agnostic では発音されます。これは母音が先行し発音可能であるため残ったものです。

/f, s/ と /l, (ə)n/ に挟まれた t は黙字になります。

ften	often; soften
stl	castle bustle hustle nestle thistle whistle wrestle
sten	listen glisten; chasten christen fasten hasten moisten

これも発音していた t が脱落したものです。often については，一度脱落し，綴り字にあるからと t を発音する人も出てきました。一種の綴り字発音です。形容詞などに -en を付けた動詞 soften, hasten などでも t は黙字になります。

　shall, will の過去形の should, would の l も発音していたものが脱落したものですが，could の現在形 can に l はなく，初めから l は発音されていませんでしたが，should, would に合わせ l を書くようになりました。

　次の語に含まれる黙字は語源的綴り字と呼ばれるもので，英語に借入された時には既に発音されていませんでしたが，後で語源に従って書き加えるようになりました。

isle doubt subtle salmon

island は isle とは別の語でしたが，意味の類似から isle-land と解釈され，元々なかった s が加えられるようになりました。

58 黙字の子音字 2: ギリシャ語の ps-, ch, ph, th など

次の語はギリシャ語からの借入語で黙字を含みますが，これは，英語にない音の組み合わせなので，片方を発音しなくなったものです。

pn- /n/ pneumonia pneumatic
ps- /s/ pseudonym psalm Psalter psychiatry psychology
pt- /t/ Ptolemy pterodactyl pteranodon
rh- /r/ rhyme rhythm rhapsody rhetoric rhinoceros

psychology「心理学」は psycho＋logy で，それぞれギリシャ語で「霊魂，精神」，「学問」の意です。ギリシャ語の語頭音 [ps] は英語にはない発音なので p が黙字となります。pteranodon /tərǽnədàn/（翼竜の一種）の pter はギリシャ語で翼を表しますが，英語では語頭で pt と発音できないので p は黙字になります。同じ pter でも，helicopter (helico（螺旋）＋pter（翼））のように母音の後では p が発音されます。

school, Christmas などのギリシャ語由来の語の ch /k/ の h も一種の黙字です。英語の kicked /kɪkt/ の 2 つの /k/ 音は，最初の /k/ は強い息を伴う有気音 [kʰ]，2 つ目は強い息を伴わない無気音 [k] となりますが，英語では異なる音として区別されません。しかし，古典ギリシャ語では有気・無気の区別があり，文字で表記する際にも区別されます。

名称	pi	phi	tau	theta	kappa	chi	rho
ギリシャ文字	Ππ	Φφ	Ττ	Θθ	Κκ	Χχ	Ρρ
ローマ字転写	p	ph	t	th	c (k)	ch (kh)	rh (r)

ph, th (philosophy, theme) については，英語では p, t に対応する摩擦音 /f, θ/ で発音するため複子音字となり h は黙字になりませんが，ch, rh (school, rhythm) の場合対応する摩擦音がないため c, r と同じ発音になり，その結果，h は黙字となります。/z/ と発音される語頭の x- (e.g. xylophone /záɪləfòʊn/, xenophobia /zènəfóʊbiə/ ☞27) は 1 字で綴られるため黙字扱いにはなりませんが，ps- pt- 等と同様に /gz/ (/ks/) の先頭の子音が脱落しています。

59 英単語の綴りの表語性，表形態素性

　文字は基本的に 1 字が対応する言語学的な単位を基に分類することができます。言語の基本的な単位としては，語，形態素，音節，単音（母音，子音）などが挙げられます。

　形態素は意味を持つ最小の言語単位で，語は 1 つ以上の形態素からなります。例えば runners という語は {run}, {er}, {s} という 3 つの形態素から構成されます。{er} /ɚ/, {s} /s, z, ɪz/ は単独では語を構成せず必ず語の一部として現れますが，それ自体意味を持ち，形態素となります。run/runner, runner/runners の意味の違いを考えれば，{er}, {s} それぞれが独自の意味を表すことがわかります。{run} の発音 /rʌn/ は複数の音からなり，/r/, /ʌ/, /n/ の 3 つに分解することができますが，各要素は特定の意味を持ちません。

　アルファベットはこのレベルの音を表す表音文字であり，文字そのものは語や形態素には対応しませんが，綴りにおいては表語性，表形態素性が見られます。次の各組の発音は同じですが，綴りの違いにより指す語が異なるという点で表語的です。黙字も語の識別に役に立っています。

/naɪt/	night knight	/saɪd/	side sighed
/raɪt/	right rite wright write	/siː/	see sea
/veɪn/	vain vein vane	/streɪt/	straight strait

　次の語の組では同じ形態素が異なる発音となっていますが，発音に拘わらず同じ形態素には同じ綴りが用いられています。

magic	/mǽdʒɪk/	photograph	/fóʊtəgræf/
magician	/mədʒíʃən/	photographer	/fətágrəfɚ/

　次のように，通常適用される規則が短い語では適用されないことがありますが，これは形態素の認識のしやすさを考慮したものです。

qualifier	flier	drier	slier;	reusable	usable	cuing	ˣtoing
ˣqualifyer	flyer	dryer	slyer;	reuseable	useable	cueing	toeing

このように，綴りのレベルでは表語性，表形態素性も関係してきます。

72

60 動詞の過去形・過去分詞の接辞 /t, d, ɪd/ の綴り

　動詞の過去形・過去分詞 (以下, 過去形) の接辞 /t, d, ɪd/ の綴りは <ed> が基本です。[44] 発音は, 語幹末の音が /t, d/ なら /ɪd, əd/ (以下 /ɪd/), それ以外で無声音なら /t/, 有声音なら /d/ です。母音はすべて有声音です。

kicked　/-kt/　　/k/ は無声音　　　　wanted　/-tɪd/
called　/-ld/　　/l/ は有声音　　　　handed　/-dɪd/
played　/-eɪd/　　/eɪ/ は有声音 (母音)

　規則に従わない場合, あるいは語幹の発音が変わる場合は, /t/ なら <t> で, /d/ なら <d> で綴られます。learned は規則的なので ed /d/, それに対し /t/ と発音される場合は learnt となります。

learn　　/lɚːn/
learned　/lɚːnd/　<ed>　規則的
learnt　/lɚːnt/　<t>　　/t/ が不規則

　dreamt では, 接辞は有声音 /m/ の後でも /t/ と発音され, かつ語幹の母音が /iː/ から /e/ に変化しているため, <t> が用いられます。ただし, /dremt/ と発音しても dreamed と綴られることもあります。

dream　　　/driːm/
dreamed　/driːmd/　<ed>　規則的
dreamt　　/dremt/　　<t>　　/t/ が不規則, 母音が変化

　heard では語幹の母音が変化しています。/hɪɚd/ なら heared と綴っているところです。[45]

hear　　/hɪɚ/
heard　/hɚːd/　<d> 母音が変化

---

[44] <'d> と綴られる場合もあります。agreed, freed など, -ee で終わる語の場合 e の 3 連続を避け -eed と綴られます。fee＋-ed は feed となりますが, (e)d が接辞であることが不明瞭なため, fee'd と綴られることもあります。

[45] ear の発音は, 子音字が続けば /ɚː/ (e.g. earn, learn, earth, early), それ以外は /ɪɚ/ (e.g. ear, year, reared) が普通です。

sleep の過去形も母音が変わります。仮に母音の変化がなければ規則的なので sleeped と綴られるもの。

　sleep　/sli:p/
　slept　/slept/　<t>　/t/ は規則的，母音が変化

　said, paid, laid のうち，母音の変化のない paid, laid は本来は payed, layed と綴るべきものです (cf. played, stayed)。

　say　/seɪ/　　　　　　　　　　pay　/peɪ/
　said /sed/ <d> 母音が変化　　paid /peɪd/ <d>　規則的で本来なら payed

　数は少ないですが，規則的でも <t> /t/ の綴りがあるものもあります。ただし，<ed> の方が普通です。

　wrapped　dripped　gripped　stripped　dropped
　wrapt　　dript　　gript　　stript　　dropt

　一部の不規則な動詞を除き，過去形の接辞 /t, d/ に <ed> が使われるとなると，<ed> でない語末の <d>, <t> の綴りは間接的に接辞ではなく前の形態素の一部であることを示す機能を持つことになります。

　crowed　banned　fined　balled　missed　rapped
　crowd　　band　　find　　bald　　mist　　rapt

　afraid, staid は歴史的には動詞 affray, stay の過去分詞が形容詞となったものです。過去分詞も形容詞も同じ綴りの interested, surprised などとは異なり，afraid, staid は形容詞，過去分詞は affrayed, stayed と，書き分けられます。

　affrayed　affray の過去分詞　　　stayed　stay の過去分詞
　afraid　　形容詞　　　　　　　　staid　　形容詞

　なお，名詞に付いて「〜を持つ，〜付きの，〜のある」の意味を表す接辞 -ed /d, ɪd/ は，常に -ed と綴られます。

　headed　four-legged　long-haired　five-starred

末尾の /s, z/ が接辞でなく語幹の一部であることを示す方法

　過去形・過去分詞の接辞 /t, d (ɪd)/ と同様に，名詞の複数形の接辞や動詞の3人称単数現在の -(e)s /s, z (ɪz)/ は子音1音のみからなりますが，/s, z/ は語幹の一部として語幹末に現れる音でもあるため，両者を綴り字上区別する手段がないと，混乱が生じやすくなります。例えば，/pliːz/ なら /pliːz/ という語かもしれないし，/pliː/ という語に接辞 -(e)s /z/ が付いたものかもしれません。英語の綴りが純粋に表音的で発音と綴りが一対一で対応するのなら両者は同じ綴りになりますが，実際には前者は please，後者は pleas と綴られ，綴り字上区別できるようになっています。

pleas	＜名詞 plea＋複数 -s	cleans	＜動詞 clean＋3 単現の -s
please	間投詞，動詞	cleanse	動詞

　過去形・過去分詞の接辞 /t, d/ の場合，e は発音されなくても ed の綴りを用いることで語幹の一部ではなく接辞であることが示されました。これに対し /s, z/ の場合，逆に，語幹 (に付いた接尾辞) の一部である方をマークすることにより区別されます。

/t, d/ は語幹の一部	crowd	rapt	raid
/t, d/ は接尾辞	crowed	rapped	rayed
/s, z/ は語幹の一部	please	flax	princess
/s, z/ は接尾辞	pleas	flacks	princes

綴り字上，接辞ではなく語幹末子音であることを示す方法はいくつかあります。

1. 重子音字を用いる　　　 -ss /s/
2. 黙字の e を添える　　　 -se /s, z/
3. i, u の後　　　　　　　 -us, -is
4. /k/ と合わせ x と綴る　 -x /ks/

次のページから，1つ1つ詳しく見ていきます。

62 語幹末の /s, z/ の表示方法 1： 重子音字の使用

　語末の重子音字 ss は，無声音 /s/ を表すと同時に，/s/ が語幹の一部で，接辞 -s ではないことを示す働きをします。次の例を比較してみるとよくわかります。

assess	morass	caress	mass	pass	brass	boss	doss
asses	moras	cares	mas	pas	bras	bos	dos (do's)

　次のように，接辞 -ess, -less でも同様の効果が見られます。例えば needless は need＋-less ですが，needles は needle＋-s と解釈されます。

princess	procuress	ogress;	fabless	needless	kindless	tackless
princes	procures	ogres;	fables	needles	kindles	tackles

speckless	sparkless	rootless	hurtless	rustless	axless
speckles	sparkles	rootles	hurtles	rustles	axles

63 語幹末の /s, z/ の表示方法 2: 黙字 e の付加

2つ目の方法は黙字の e を付けることです。e が続けば s /s, z/ が語幹の一部であることが明確になります。

please	tease	lease	tense	dense	cleanse	lapse	parse	sparse	curse
pleas	teas	leas	tens	dens	cleans	laps	pars	spars	curs

Chinese	geese	goose	loose	moose	hearse	rehearse;	nose	hose
chines	gees	goos	loos	moos	hears	rehears;	noes	hoes

/s/ の場合, ce を用いることもできます。

since	hence	peace	scarce	pierce	tierce	source
sins	hens	peas	scars	piers	tiers	sours

基本的に -(e)s は他の接辞より内側に生じることはなく[46], s に接辞が後続すればその s は語幹の一部であることが明確となるため, 母音字で始まる接辞を付ける時は黙字の e を取っても問題ありません。feel に接辞 ing を付け feeling とし, それに接辞 s を付けて feelings とすることは可能ですが, 順番を変えて feelsing とすることはできません。clean+s+ing も不可能なので, cleansing は必ず cleans(e)+ing と解釈されます。

{feel}{ing}{s}　　　　{heat}{er}{s}
×{feel}{s}{ing}　　　 ×{heat}{s}{er}

{cleans}{ing}　　　　{cleans}{er}　　　　{clean}{s}
×{clean}{s}{ing}　　 ×{clean}{s}{er}　　 {cleans}e
　　　　　　　　　　　　　　　　　　　　　×{clean}{s}e

「前提, 根拠」の意味の premise には premiss の綴りもありますが, premise では e が, premiss では重子音字 ss が /s/ が接辞ではないことを示す働きをしています。

---

[46] 名詞+ful で「〜一杯 (の量)」を表す名詞の複数形では, 例えば spoonfuls に加え spoonsful の形も使われますが, 後者は例外です。また, passerby の複数形, passersby も例外です。

64 語幹末の /s, z/ の表示方法 3：i, u の後

先行母音字により s が語幹の一部であることがわかることもあります。通常，i, u は語末には用いられず，語頭・語中にしか現れないため，i, u に s が続き -is, -us となれば，s は語幹の一部であることがわかります。[47]

fortis	/-ɪs/	dais	/déɪɪs/	glacis	/gléɪsɪs, glǽsɪs, glæsíː/
forties	/-ɪz/	days	/deɪz/	graces	/gréɪsɪz/

discuss /diskʌ́s/ の末尾の /s/ は重子音字 ss で綴られ，語幹の一部であることがわかりますが，discus /diskəs/ のように単子音字 s で綴られても，discu＋s と分割されることはないため，s が語幹の一部であることは明らかです。focus, stimulus, circus, genius, precious, famous のようによく目にする単語だけでなく，次のような馴染みのない単語でも，-us の s が接辞ではないことは一目でわかります。

harquebus rebus meniscus dingus

fuscous viscous mucous

もし rebus の s が接辞であれば元の語は rebu となりますが，u は語末に来られないため rebue と綴られ，接辞の付いた形は rebues となるはずので，rebus の u の直後の s は接辞ではないことがわかります (☞33)。

happy–happier–happily–happiness のように接辞が付き y が語中になると i になります。同様に cry に接辞 ed が付くと cried となりますが，ed の綴りが接辞であることを示すとともに，i と d が連続しないことから d が語幹の一部ではないこと，また，黙字 e により i が見かけ上の開音節に現れることになり (crī.ed)，i が長音であることを示します。接辞 s の場合，y を i に変え s を付けると cris となりますが，黙字 e を挿入し cries とすれば，ed の場合と同様の効果を生み，i が長音であること (crī.es)，s が接辞であることが明確になります。forty の複数形 forties でも，e の存在により，s が語幹の一部でなく (cf. fortis)，また，i が弛緩音・曖昧母音 /ɪ, ə/ ではなく緊張音 /i/ であることがわかります (cf. fortieth)。

---

[47] Kuwaiti(s), Iraqi(s), Israeli(s), Thai(s), ski(s) などは例外。

for.ty	/-ti/	開音節
for.ti.*e*th	/-tiəθ/	開音節 (e /ə/ は発音される)
for.ti.*e̸*s	/-tiz/	見かけ上の開音節 (e は黙字)
for.tis	/-t̻s/	閉音節

ray に ed を付ける場合，rayed となり raied としません。これは母音字間では i を避けるためです（☞37）。黙字の e を付けなければ母音間とはならないので raid と綴ることができますが，この綴りでは d は接辞ではなく語幹の一部と解釈されるため，語中でも y を保持し rayed とします。接辞 s を付加する場合 i/y は母音間とならず，単純に綴り上は rais とすることができますが，s が接辞でなく語幹の一部と解釈されてしまいます（cf. raise）。cries の時のように黙字の e を挿入することもできない（raies では i が母音字間になる）ため，y を保持して rays とします。raise では，e だけでなく i も s が語幹の一部であることを示す効果を持ちますが，rays では，通常語末に出現する y が s の前に生じることにより，そこに語構成上の切れ目があることを示す効果が生じます。

{ray} — {ray}{ed} {raid}   接辞の /d/ を先行の e でマーク
      {ray}{s} {raise}   語幹の /z/ を後続の e でマーク

raise braise fraise praise guise; place lace pace
rays   brays   frays   prays   guys;   plays lays pays

i/y の交替に関わるパターンは，u/w の場合にも見られます。

tawse hawse cause clause pause
taws   haws   caws   claws   paws

browse louse blouse mouse rouse grouse souse; pose rose
brows   lows   blows   mows   rows   grows   sows;   pows rows

英語の綴りに慣れた者であれば，hawse, haws が初めて見る単語であったとしても，hawse の /z/ は語幹の一部で，haws は haw の複数形か 3 人称単数現在形であることがわかります。なお，lens は例外です。

65 語幹末の /s, z/ の表示方法 4： x の使用

　語幹末が /ks/ の場合，特に何の考慮もしなければ ks と綴ることになりますが，s が接尾辞ではないことを示す必要があります。既に見たやり方を用いれば，e を添え kse とすることになりますが，x を用いれば /s/ の部分が接辞ではなく /k/ と共に語幹を形成することが明示されるため，e を付ける必要はなくなります。[48]

　jinx　minx　lynx　calx　　/s/ は語幹の一部
　jinks　minks　links　calks　　/s/ は接辞

　仮に初めて見る単語であっても，x で綴られていれば /ks/ の /s/ が接辞ではないことがわかります。

　syrinx larynx quincunx phalanx coccyx calyx epicalyx
　onyx sardonyx pyx apteryx archaeopteryx oryx calix

　31 で見た通り，rock のように単母音字・短音に /k/ が続く場合は ck と綴られます。

短綴り：単母音字・短音	tăck	dĕck	bĭck	pŏck	dŭck	
長音	tāke	ēke	bīke	pōke	dūke	

長綴り：単母音字＋子音字	talk	sink	fork	task		
長綴り：複母音字	auk	hawk	peak	seek	shriek	oak	look

flax	lax	sax	tax	wax	flex	six	box	lox	pox
flacks	lacks	sacks	tacks	wacks	flecks	sicks	bocks	locks	pocks

/bɑks/ は，/s/ が語幹の一部であれば box，接辞であれば bocks と綴られ，boks と綴られることはないため，英語の綴字法を身に付けた者はこの綴りに違和感をもつことになります。

---

[48] pix（＜pics），sox（＜socks）など，接辞の -s を含む x は例外。economics, mathematics, physics などの -ics の s は元々複数形語尾です。fax は facsimile（fac＋simile）の省略形 facs を綴り直したもの。axe の e は内容語を 3 文字以上にするためのもの。

ng の発音には /ŋg/ (finger), /ndʒ/ (singe), /ŋ/ (singer) の３つがありました。[49]

n	/n/	sin	基本的な n の発音
nk	/ŋk/	sink	軟口蓋音 /k/ により n が /ŋ/ となる
nğ	/ŋg/	finger	軟口蓋音 /g/ により n が /ŋ/ となる
nġ	/ndʒ/	singe	軟音 ġ /dʒ/ は歯茎音で n は /n/
n͡g	/ŋ/	sing	複子音字 ng で /ŋ/

n の発音は /n/ が基本ですが，sink, sphinx, finger のように，後ろに軟口蓋音 /k, g/ が来ると同化して /ŋ/ に変わります。意識せずとも自動的にそうなるので，特に明記する必要はないでしょう。

nk /ŋk/, nġ /ndʒ/ は問題ないでしょうが，紛らわしいのが n͡g /ŋ/ と nğ /ŋg/ の違いです。間違えても意味が通じなくなることはありませんが，標準的な発音を確認しておきましょう。

finger のように語中では nğ /ŋg/，sing のように語末では n͡g /ŋ/ です。

nğ /ŋg/   finger hunger linger England English
n͡g /ŋ/   sing king ring thing string ding

語末の ng に -ing, -er のような母音字で始まる接尾辞が付いて語中になっても発音は変わりません。例えば singer (< sing+-er) の場合，語幹の sing の発音に合わせ /ŋ/ となり，/g/ は入りません。ただし，longer, stronger, younger は例外で，nğ /ŋg/ となります (最上級 -est でも同様)。動詞の long「待ち望む」に -er「〜する人」を付け longer という名詞を作ったとしたら，形容詞 long の比較級とは発音が異なることになります。

形容詞　long＋-er　＞　形容詞　longer　/-ŋgɚ/
動詞　　long＋-er　＞　名詞　　longer　/-ŋɚ/

---

[49] nġ /ndʒ/ が /nʒ/ となることもあります。例 hinge /hɪn(d)ʒ/

67 同一母音字の連続の回避

　同じ子音字の連続は多用されますが，重母音字の ee, oo を除き，同じ母音字の連続は避けられます。

　まず，重母音字として aa, ii, uu, yy は使用されません。ee が単母音字・長音の ē と同じ音を表すのなら，aa で長音 ā と同じ発音を表してもよさそうです。実際，昔の書物を見ると，naam 'name', maad 'made' の綴りも使われています。Scragg (1974) によると，aa が表す音が長母音から 2 重母音に変わるとともに，aa の綴りは使われなくなったとのことです。[50]

　ラテン語の genius の複数形の genii や，最近の造語の Wii などは別として，ii の綴りも基本的に使われません。複母音字 ii だけでなく，単母音字の連続 i＋i も避けられます。昔は i に点はなく ı と書かれていましたが，昔の書体のゴシック体では，m, n, u などは縦棒 (minim) を 2 つまたは 3 つ並べたような形で書かれ，ı の連続も似た字形となり区別が付けにくくなるため避けられました。

fine	fıne	fıın	fun	nine	nıne	nıın	nun
fine	fıne	fıın	fun	nine	nıne	nıın	nun

なお，i の点は，判別しやすいように付けた印が形を変え，字形の一部として取り入れられたものです。元々 i と j は同じ文字だったので j にも点が付きます。

　lie のように -ie で終わる語に -ing を付ける場合，liing とせずに lying とするのは i の連続を避けるためです (☞76)。study の -ed 形が studied であるのに対し -ing 形が studiing でなく studying になるのも同じ理由からです。

---

[50] <aa> was common until the fifteenth century in such words as *naam(e)* 'name' and *saam(e)* 'same' but the practice was dropped when the sound represented became diphthongised in the move from Middle English /ɑː/ towards modern /eɪ/. (Scragg (1974: 80))

　ee, oo の発音も /eː, oː/ から /iː, uː/ に変化していますが，こちらは 2 重母音にはなっていません。2 重母音でなければ，同じ母音字 2 字で長母音を表すのに違和感はないということでしょうか。

die–diing–dying	lie–liing–lying	study–studiing–studying
die–diing–dying	lie–liing–lying	study–studiing–studying
die–diing–dying	**lie–liing–lying**	**study–studiing–studying**

ski の -ing 形 skiing では i が連続しますが，ski はノルウェー語からの借入語
です（cf. skying ＜ sky＋-ing）。

次に uu について。中英語期に一部フランス語式の綴りが取り入れられま
したが，この時 u の長母音は ou (ow) で綴るようになりました。

古英語 cū /ku:/ → 中英語 cow /ku:/ → 近代英語 cow /kaʊ/

uu の綴りは使われましたが，これは子音 /w/ を表し，のちに独立の文字 w と
なったため，現代英語の綴りでは uu の形では現れません。

uu は合字を経て独立の文字に　uu → w

こういう事情から，基本的に uu の綴りは用いられません（cf. vac.u.um
/vǽkjuəm/）。

y の連続も避けられます。複母音字として使われないだけでなく，単母音
字の連続 y＋y も避けられます。clay に y を付けると clayy になりますが，yy
の連続を避けるため e を挿入し clayey とします。clayey に ness が付いた形
は clayiness または clayeyness となります。clayeyness では e があるため y
は i に替えなくてもよく（cf. cry/cries vs. play/plays），clayiness では -y が語中
形 -i になっているため y の連続は生じず，e を挿入する必要はなくなります。

{clay}{y}	{clay}{y}{ness}	他の例　slyey skyey
×<clay><y>	×<clay><y><ness>	
<clay><ey>	<clay><i><ness>	
	<clay><ey><ness>	

英語の綴りで，ee, oo 以外，同じ母音字の連続が生じにくいことは，元々
1 つの制約として存在したわけではなく，歴史的にはいくつかの要因が重なっ
て生じたパターンですが，借入語や Wii のような最近の造語は別として，多
数を占める伝統的な語には生じないため，aa, ii, uu の連続を見ると，違和感
を覚えることになります。

67
節

68 接辞を付けてできる語の綴り

　hop の -ing 形は hopping で p を重ね，hope では e を取って hoping としま
す。理由については既に見ていますが，接辞を付けた時の綴りについて，整
理しながら，詳しく見ていくことにしましょう。

　英語の習い始めでなかなか理解しにくいのが次の規則。

> -ing, -ed, -er など，母音字で始まる接辞を付ける場合，語末の音節の母音
> が，i. 強勢を持ち，ii. 短音であり，iii. 1字で綴られれば，語末の子音字を
> 重ねる。

「短音」のところは，「短母音」と説明されることがありますが，本書ではこ
の2つは別のものを指す用語として使用しているので，ここは「短母音」で
はなく「短音」となります。

　各条件について補足して説明すると次のようになります。

　i.　強勢を持つ：長短の対立があるのは強勢のある音節において。対立の
　　　　　　　　　ない無強勢の音節で子音字を重ねる必要はない。
　　　　　　　　　e.g. begínning vs. vísiting
　ii.　短音である：綴り字上閉音節にするため子音字を重ねる必要がある。
　　　　　　　　　e.g. hŏpping vs. hōping
　iii.　母音字1字：単母音字の場合。現在は短音になっているものも複母音
　　　　　　　　　字 (ĕa /e/, ŏo /ʊ/ など) は元々長音扱いで適用外。
　　　　　　　　　e.g. sĕtting vs. hĕading

i に示した通り強勢の位置が重要になりますが，occúr–occúrrence, refér–
réference のように，接辞によっては語幹の強勢の位置が変わり，綴り方に影
響が出るケースがある点に注意が必要です。

　付録に接辞の付け方の練習問題 (pp. 112–116) を付けました。自信がある人
は，まずは練習問題をやってから次頁以降の説明を読んでください。あまり
自信はないという人は，説明を読んだあと確認のために練習問題をするとい
いでしょう。

69 接辞の付け方 1：語末の音節の強勢と重子音字

sit の -ing 形は sitting です。t を重ねて綴り字上閉音節にし，短音 ĭ の音価を保持します。

sít	(sĭt)	síte	(sī.te)
sítting	(sĭt.ting)	síting	(sī.ting)

site の黙字 e は，綴り字上開音節にし，i を長音 ī として読ませるためのもの。母音字で始まる -ing が付けば不要になります。

begin でも，短音 ĭ の音価を保持するため，n を重ねて閉音節にします。

begín	(be.gĭn)	vísit	(vis.*it*)
begínning	(be.gĭn.ning)	vísiting	(vis.*i*.ting)

visit の第 2 音節には強勢がなく，i は弱母音となります。強勢がなく長音で読まれないため閉音節にする必要はなく，t は重ねません。

-ish, -ess などの接辞が付く場合も同様です。

mán	wóman	gód	líon
mánnish	wómanish	góddess	líoness
(măn.nish)	(wom.*a*.nish)	(gŏd.dess)	(li.*o*.ness)

-c で終わる語では，-ing, -ed, -y のように前母音字 (e, i, y) で始まる接辞が付く場合，硬音の c が軟音となるのを防ぐため，強勢の有無に関わらず k を加えます。-able のように前母音字でなければ k を付ける必要はありません (tráfficable)。

tráffic	pícnic	pánic	tráffic
tráfficking	pícnicked	pánicky	tráfficker

arc のように，k を挿入した綴り (arcking, arcked) よりも，挿入しない綴り (arcing, arced) の方がよく使われるものもあります。その場合でも，c は硬音のまま発音されます。

70 接辞の付け方 2: -at で終わる語

at, that を除き -at は弱母音にはならず，発音は -ăt /æt/ となります。

4 音節　aristocrat /ərístəkræt|ǽrɪs-/

3 音節　acrobat /ǽkrəbæt/, democrat /déməkræt/,
　　　　diplomat /dípləmæt/, habitat /hǽbɪtæt/

2 音節　combat 名詞 /kámbæt|kɔ́m-/, 動詞 /kəmbǽt|kɔ́mbæt/,
　　　　format /fɔ́ɚmæt/

democrat /déməkræt/ のような 3・4 音節語では，弱音節との対比から第 2
強勢の記号が付けられますが，2 音節語で強勢記号を付けるかどうかは辞書
によります (/fɔ́ɚmæt/, /fɔ́ɚmæt/)。強勢記号がなくとも，a が弱母音 /ə/ ではな
く，強母音の短音 ă /æ/ であることは変わりません。

format の a は短音なので，母音字で始まる接辞を付ける時は t を重ね，閉
音節を維持します。

for.măt.ting　for.măt.ted　for.măt.ter

combat の活用形の綴りは厄介です。名詞では第 1 強勢は第 1 音節にあり
ますが，動詞では英米で異なります。

名詞　combat　　　　動詞　米　combát /kəmbǽt/
　　　/kámbæt|kɔ́m-/　　　　　英　cómbat /kɔ́mbæt, kʌ́m-/

第 1 強勢の位置に関わらず発音は短音 ă /æ/ なので，規則に従えば t を重ね
ることになりますが，実際には t を重ねない綴りも使われます。

combatted　combatting
combated　combating　cómbater

なお，program(me) /próʊgræm, -grəm/ の第 2 音節の母音も基本は /æ/ で
すが，m を重ねた綴りと重ねない綴りがあります。

programed　programing　programer
programmed　programming　programmer

71 接辞の付け方 3: -l で終わる語

-l で終わる語の場合, -l の前が単母音字・短音であれば, 原則通り l を重ねます。

expél   compél   propél
expélling compélled propéller cf. feeling appealing

fulfill の場合, 既に ll となっているので, そのまま -ing を付けますが, fulfil の綴りでは, l を重ねます。

fulfill   fulfil
fulfilling fulfilling

なお, 原則通りなら, fulfilling の分綴は元の綴りによって違いが出ます。

fulfill   fulfil
ful.fil.ling   ful.fil.ling   綴り字上の音節は同じ
ful·fill·ing   ful·fil·ling   分綴は異なる

最後の音節に強勢がない場合, アメリカ式では原則通りで l を重ねませんが, イギリス式では重ねます。

米 tráveling   英 trávelling
     tráveler   tráveller

role の o が長音なのは音節構造によりますが (rō.le), roll が閉音節であるにも拘わらず o が長音なのは, 後続の l による音変化のためです (☞39)。

rō.le   綴り字上開音節で長音
rōll   閉音節だが, 後続の l により長音に

-ol の o の実際の発音は長音 (ō /oʊ/) ですが, 綴り字上は短音扱いで, 接辞を付ける時は l を重ねます。ただし, 1 音節語の場合, 元々 l を重ねて綴るため, 接辞はそのまま付けます。

roll   cf. till   until
rolling   rill   April
roller   roll   control

control の l の前の o も同様の理由で長音となっていますが，綴り字上は短音扱いで l を重ねます。

contrōl   appall   appal
contrōlling   appalling   appalling
contrōllable
contrōller

appall /əpɔ́ːl/ の a も綴り字上は短音扱いです。appal の綴りでは l を重ねます。なお，分綴は次のようになります。

rōll   contrōl
rōll·ing   contrōl·ling
rōll·er   contrōl·ler

発音上の長短，綴り字上の長短のずれと，接辞の付け方への影響については，『英語の文字・綴り・発音のしくみ』の pp. 88–93 をご覧ください。
　なお，黙字の e は綴り字上の音節の中心となりますが，分綴は実際の発音に基づくため，1 音節の rolled /roʊld/ は分割しません。

rōll   con·trōl
rōlled   1 音節，分綴しない   con·trōlled   trolled は分綴しない
rōll·ing   con·trōl·ling
rōll·er   con·trōl·ler

接辞の付け方 4: 複母音字 (＋単子音字) で終わる語

ee, ai のように 2 字を用いた複母音字は，基本的に音節構造とは関係なくそれ自体で長音を表すため，開音節にも閉音節にも現れます。

開音節　see　　say
閉音節　seem　sail　(ay は語中では ai)

複母音字の発音は音節構造に依存せず調整は不要なので，そのまま接辞を付けます。

seeming
sailing
coated

ee の 2 つ目の e は黙字ではないので，接辞が付いても削除されません。ただし，e で始まる接辞が付く場合，e の 3 連続 (eee) を避け，-eed, -eer とします。分綴する際は se·er, fre·er のように分割します。freed /friːd/ は 1 音節なので分綴しません。

see	free	cf.	bake	e は黙字
seeing	freeing		baking	
	freed		baked	
seer	freer		baker	

なお full＋-ly では l の 3 連続 (lll) を避け，fully と綴ります。分綴は ful·ly となります。

複母音字 ea, oo には長音に加え短音の発音もありますが，現在短音となっているものも，歴史的には長音であったものが短音化したもので，綴り字上は長音と同様の扱いとなり，子音字は重ねません (☞11, 15)。

長音	ēa	/iː/	heat	heater	長音	ōo	/uː/	cool	cooling
短音	ĕa	/e/	head	header	短音	ŏo	/ʊ/	cook	cooking
cf.	ĕ	/e/	set	setter	cf.	ŭ	/ʊ/	put	putting

73 接辞の付け方5: 単母音字＋複子音字で終わる語

　語末が重子音字の場合そのまま接辞を付けますが, sh などの複子音字の場合もそのまま接辞を付けます。(/s, z/ などの後では -es は /ɪz/ で音節を形成します。)

重子音字

pass	buzz
passes	buzzes
passing	buzzed

複子音字

push	graph	bath
pushes	graphs	baths
pushing	graphed	bathed

　putt /pʌt/ の -ing 形は put /pʊt/ の -ing 形と同じ綴りになりますが, 分綴する箇所が異なります。

| putt | put |
| putt·ing | put·ting |

　bus, gas の場合, 両方の綴りがあります。quiz では z を重ねますが, サーチエンジンで検索すると z を重ねない綴りも見られます。

bus		gas		quiz
buses	busses	gases	gasses	quizzes
bused	bussed		gassed	quizzed
busing	bussing		gassing	quizzing

　focus の第2音節には強勢はなく -cus /kəs/ となるため s を重ねる必要はありませんが, s を重ねた綴りも用いられます。

fócus	
focuses	focusses
focused	focussed
focusing	focussing

74 接辞の付け方6：接辞 -ance, -ence, -able, -ible

　-ance, -ence のように接辞が付くと強勢の位置が変わるものがあります。以下，強勢の位置を変えることのない -ing 形と比較しながら，注意すべき点について見ていきます。

　assist の場合，-ance が付いても強勢の位置は変わりません。as.sís.tance と分割でき i は閉音節で短音となるので，そのまま -ance を付けて問題ありません。admít にそのまま -ance を付けると ad.mī.tance となり，i が開音節に現れ音価が変わってしまうため，t を重ねて，ad.mĭt.tance とします。

assíst	admít
assísting	admítting -tt-
assístance	admíttance -tt-

　次の綴りでは，-ur の u は短音，-ure の u は長音に準じた扱いとなります。

-úr　/ɚː/　←　ŭ /ʌ/ ＋r
-úre /jʊɚ/　←　ū /juː/ ＋r

強勢があるので -ur では r を重ね，-ure では黙字の e を取り接辞を付けます。

occúr	endúre　-e は黙字
occúrring	endúring
occúrrence	endúrance

子音字を重ねる理由がわからない場合は，重ねなかったらどういう発音になるか考えるといいでしょう。

occúrrence	/əkɚ́ːrəns|əkʌ́r-/
occúrence	/əkjʊ́ərəns/

　inhérit, díffer の最後の音節には強勢はなく，接辞 -ence を付けても強勢の位置は変わらないので，子音字を重ねる必要はありません。

inhérit	díffer		infér	prefér
inhériting	díffering		inférring	preférring
inhéritance	dífference		ínference	préference

しかし，infér, prefér では，-ence が付くと強勢の位置が語幹末から前に移動し，最後の音節に強勢はなくなり，r は重ねないため，-ing 形との違いが出ます。

　強勢付きの単母音字・短音の後で r が重ねられるので，-rr- と綴られていれば，その前の母音字に強勢があることがわかります。ただし，次のように，r が重ねられていなければ強勢がないとはなりません。

　préference　　-er-　/ər/　　強勢がなく r は重ねない
　interférence　-ēr-　/íə/　　長音なので r は重ねない

-able, -ible についても，強勢の移動の有無が問題となります。厄介なのは同じ語で強勢の移動がある場合とない場合があること。規則通りなら，強勢の位置と綴りは次のようになります。

　inférrable　　-rr-　　強勢の移動なし
　ínferable　　-r-　　強勢の移動あり

　inférrible　　-rr-　　強勢の移動なし
　ínferible　　-r-　　強勢の移動あり

　しかし，実際には，/ɪnfɚːrəbl/ と発音しながら inferible と綴るなど，発音と綴りが合わないケースが出てきます。transfer とそれに -able を付けた形容詞についても同様の問題があります。本来なら -er- を含む音節に強勢があれば transférrable，なければ tránsferable となるところですが，発音と綴りがずれることがあります。

　transfér　　　元の動詞で強勢位置の異なる発音がある
　tránsfer

　transférrable　-rr-　-er- に強勢あり
　tránsferable　-r-　-er- に強勢なし

接辞の付け方7: 名詞に付いて形容詞を作る接辞 -ed

付録の練習 (pp. 112–116) には次の問題が含まれていますが，この -ed は，名詞に付いて「〜を持つ，〜の特徴がある」を意味する形容詞を作る接辞です。

double-bed＋-ed　ダブルベッド付きの

発音は，/t, d/ で終わる名詞以外でも /ɪd/ となることがあり，過去形，過去分詞を作る -ed とは異なるところがありますが，綴りの基本は同じ。「形容詞-名詞ed」「数詞-名詞ed」の形もよく見ます。

long-haired　＜　[long hair]＋-ed
four-legged　＜　[four leg(s)]＋-ed

head は動詞としても名詞としても使われるので，綴りだけからは〈動詞 head＋-ed〉か〈名詞 head＋-ed〉かは判断できません。

動詞 head＋-ed　＞　headed
名詞 head＋-ed　＞　headed

動詞 bathe と名詞 bath の綴りは異なりますが，複子音字 -th は重ねないので -ed を付けた形は同じになります。

動詞 bathe＋-ed　＞　bathed /beɪðd/
名詞 bath　＋-ed　＞　bathed /bæθt|bɑːθt/

なお，イギリス英語では bath に動詞の用法もあります。-ing 形は bathe も bath も bathing です。名詞の複数形 baths では -ths が無声音 (/θs/) の場合と有声音 (/ðz/) の場合とがありますが，動詞の3人称単数現在形 baths では無声音 (/θs/) のみです。

動詞 breathe と名詞 breath の -ed 形も同じ綴りになります。

動詞 breathe　＞　breathed /briːðd/
名詞 breath　＞　breathed /breθt/

接辞の付け方 8： -ie, -y で終わる語

lie の e は，i が語末とならないようにするための黙字の e で，接辞が続く場合は不要になります。[51] 接辞が -ing の場合，i の連続 (ii) を避け，iing を ying にします (☞67)。

lī.¢	tī.¢	trȳ	dė.nȳ
lī.¢s	tī.¢s	trī.¢s	dė.nī.¢s
lī.¢d	tī.¢d	trī.¢d	dė.nī.¢d
lī.ar	tī.er	trī.er	dė.nī.er
lȳ.ing	tȳ.ing	trī.al	dė.nī.al
(×lī.ing)	(×tī.ing)	trȳ.ing	dė.nȳ.ing
		(×trī.ing)	(×dė.nī.ing)

try の y は，接辞が付くと語中になるので i に替えます。ただし，-ing の場合は，上記 lie のケースと同様に ii を避け，ying とします。

固有名詞の場合，語末が子音字＋y でも，y を i に替えずに s を付けます。しかし，Germany の場合，Google Books で検索すると，Germanies の綴りもヒットするので，固有名詞でも y を i に替えた綴りが用いられることもあることがわかります。

y で終わる語に接辞 -y を付ける場合は，y は i にせず，また -y はそのまま付けずに，e を用いて y の連続 (yy) を避けます (☞67)。

sly   clay
slyey clayey

---

[51] 内容語を 3 文字以上にするという働きもありますが (☞20)，接辞が付けば 3 文字以上になるので不要になります。

77 接辞の付け方 9：-oes か -os か

fishes, boxes では類似音の連続を避けるため母音 /ɪ/ が挿入され，ės /ɪz/ と綴られます。cries, goes では e は発音されませんが，見かけ上語幹の部分を開音節にするために e が挿入されます (crī.es, gō.es ☞64)。-y/-ies, -o/-oes における e の挿入が規則に従うものであれば，o, y 以外の母音字で e の挿入が問題とならないのはなぜでしょうか。

ee, ea, oo, aw, ay などの複母音字では，音節構造に関係なく長音となるため，s が付いて閉音節になっても問題なく，e を挿入する必要は生じません (laws, sees, zoos, boys)。

単母音字 a, e, i, o, u, y のうち，語末に生じるのは a, e, o, y の 4 文字。a の長音は /eɪ/ ですが，語末では /eɪ/ は ay, ey と綴られるため (pay, prey) 問題になりません。[52] 強勢のない *a* /ə/ は母音の長短の対立はなく，そのまま s が付けられます (zebras, sofas /əz/)。

e の長音 /iː/ も語末では ee, ea と綴られるのが普通です (see, sea, flee, employee)。[53] toe, hoe の複数形 toes, hoes にも -oes の綴りは見られますが，元々 e が付いているため，表面的には単に s を付けただけと見なされ，o の後で es が添えられていること (tō.es, hō.es) は意識に上りにくくなります。apostrophė /i/ のような語にはそのまま s を付けますが，これらはラテン語，ギリシャ語からの借入語で例外的なものです。

ė /i/　acme acne apostrophe catastrophe epitome
　　　 finale recipe sesame simile

このように，cries, goes における黙字 e の挿入は一般的な規則に従うものであるにも拘わらず，o, y (i) 以外では適用されるものがありません。y → i の書き換えを伴うケースとして y (i) を独立に扱うなら，黙字 e の挿入は o のみに適用される特殊ケースのように見えます。

hope に黙字の e が添えられているのも，go に s を付加する際 e を添えるのも，綴り字上開音節を作り出し，先行母音を長音として読ませるためです

---

[52] qua /kweɪ/ (〜として) のように語末の a が長音となる語はありますが，複数形，3 人称単数現在形は関係しません。

[53] saute /eɪ/ のように末尾の e が /eɪ/ となるのは外来語で，単に -s を付けます。

76
〜
77
節

95

が，その仕組みが説明されないため，o で終わる語に -es が付加されること
は，適用範囲が限られることもあり，表面的，恣意的な慣習でしかないと捉
えられてしまうことになります。

hō.p¢	gō	vetō
hō.ping	gō.ing	vetō.ing
hō.p¢d		vetō.¢d
hō.p¢s	gō.¢s	vetō.¢s

数の上では黙字の e を挿入せず s を付けるものが多く，また，長い単語で
は o の部分は見なくとも単語の特定がしやすく，o の音価も音節構造によら
ずに単語の発音から自動的にわかるとなると，go, hero, veto, tomato など，e
付きの複数形をよく目にするものは別として，o で終わる単語でも数として
優勢な -s を付けて複数形を作るようになっても不思議ではありません。こう
いった事情から o で終わる語の複数形の表記に揺れが生じることになります。

・o で終わる語に黙字の e が追加される理由は明示的に説明されない。
・黙字の e が入るのは o (y/i) のみで，s を付けるのが普通である。
・go, veto などの短い単語と異なり，長い単語では末尾の o なしでも単語
　が同定しやすく，綴り字上の音節構造に依存せずに o の音価が特定でき
　る。

-oes	-o(e)s	-os
go	halo	radio
hero	tobacco	piano
veto	volcano	video
echo	mosquito	solo
tomato	buffalo	duo
potato		

既に練習問題 (pp. 112–116) を解いている人も，ここまでの説明を基に自分
の解答をチェックするといいでしょう。

78 -ic で終わる語の発音

次の -ic (-ical, -ics) で終わる語は，最後から 2 番目の音節に強勢があり，母音字は短音になるものがあります。

mathemátics
    măgic(al)
    lŏgic(al)
   ecolŏgical

このパターンは多いのですが，必ず短音となるわけではないので 1 つずつ覚える必要があります。

phonĕtic ĕ /e/   短音
phonēmic ē /iː/   長音

次の組では，-ic が付く前は長音，-ic が付くと短音です。

stāte   tōne   mīme   athlēte   tūpe
stătic   tŏnic   mĭmic   athlĕtic   tŷpical

長音のままであったり，長音・短音両方の発音があるものなどもあるので，やはり単語ごとに発音を確認する必要があります。次の例は両方の発音があるもの。phonic(s) は短音 (/fánɪk(s)/) が優勢です。

cŷcle   scēne   phōne
cŷclic(al)   scēnic   phōnic
cŷclic(al)   scĕnic   phŏnic

短音は開音節には現れることができないため，-ic の前が開音節なら必ず長音となります (he.rō.ic, ˣhe.rŏ.ic)。

he.ro   for.mu.la   al.ge.bra
he.rō.ic   for.mu.lā.ic   al.ge.brā.ic
/həróʊɪk/   /fɔ˞mjəléɪɪk/ /ældʒɪbréɪɪk/

　ここまで，様々な黙字 e の用法を見てきました。復習を兼ねて，次のクイズに挑戦してください。

【クイズ】同じ働きの黙字の e を含む語をグループにまとめなさい。

blue cookie cries cute dance dye dyeing give
goes have heroes little office owe please purple
siege singeing tense value valve wine

【解答欄】

　正解，解説は次のページから。

答えはこうなります。a から順に見ていきましょう。

- a. cute wine
- b. little purple
- c. cries goes heroes
- d. cookie blue value
- e. give have valve
- f. dance office siege
- g. dye owe
- h. please tense
- i. dyeing singeing

a. cute, wine

いわゆる "マジック e" です (☞19)。単母音字 a, e, i, o, u, y は，開音節・長音，閉音節・短音が基本です。cu なら開音節で，長音 cū。(黙字の e は，u が語末になるのを避け，かつ 3 文字以上になるように添えられたもの。)

cū.e　/kjuː/
cūt　/kʌt/　　wĭn　/wɪn/　　←閉音節で短音
cū.te　/kjuːt/　wī.ne　/waɪn/　　←綴り字上の開音節で長音
cū.ter　/kjúːtɚ/

cut なら閉音節で短音 cŭt。cūt /kjuːt/ と u を長音で読ませるには t が邪魔です。cuter なら cū.ter となり長音で読めますが，接辞なしでは長音で読ませることができないため，黙字の e を付け，見かけ上開音節にします。

　なお，be 動詞の are, were の e は，歴史的には先行母音字の長音標識になるはずだったものが，使用頻度の高い機能語であったために母音の短化が起き，先行母音が長音から短音になった後も綴りに残ったものです。[54]

b. little, purple

母音なしで音節を形成する l に付けられる黙字の e です (☞17, 18)。-tle, -ple は母音がなくても /l/ が中心となり音節を形成します。語末の /l/ が独自の音節を形成しない場合には，e は付けられません。

e あり　ap.ple　a.ble　lit.tle　prin.ci.ple　peo.ple
e なし　feel　steal　howl　curl　pearl

---

[54] 詳しくは次の「hellog〜英語史ブログ」の記事を参照のこと。
　なぜ are はこのスペリングで「エァ」ではなく「アー」と発音するのですか？
　　[http://user.keio.ac.jp/~rhotta/hellog/2020-06-12-1.html]
　なぜ were はこのスペリングで「ウィァ」や「ウェア」ではなく「ワー」と発音するのですか？
　　[http://user.keio.ac.jp/~rhotta/hellog/2020-06-11-1.html]

79
節

99

c. cries, goes, heroes

　動詞の 3 人称単数現在形，名詞の複数形を作る接辞 -s。e が挿入されるか，挿入された e が発音されるかで，3 つのケースに分けられます。

-ės /ɪz/　e あり，e は発音される
-ȼs /s, z/　e あり，e は黙字
-s　/s, z/　e なし

　-ės /ɪz/ が付くのは，語幹末が /s, z, ʃ, ʒ, ts, dz, tʃ, dʒ/ の語。類似音の連続を避け発音しやすくするために，母音 ė /ɪ/ が挿入されます。

missės boxės buzzės fishės miragės blitzės adzės catchės agės

　本書では，-ing, -er などの接辞の場合と同様に，語末に黙字の e がある場合，それを取って -ės を付けると捉えます（下の pace の例を参照）。

pa.c|ȼ	trȳ
pa.c|ės	×trīs
pa.c|ing	trī.ȼs　-ȼs /z/
pa.c|er	trī.al　-al /əl/

　-ȼs で黙字の e が挿入されるのは音節構造の調整のため（上の try の例を参照）。try なら開音節で，y は長音。語中形 trī に s が付くと閉音節となり長音で読めなくなるので，開音節構造を維持するため e を挿入します（☞64）。
　-o で終わる語についても同様です。gos の綴りでは o は短音となるので，go.ȼs として o を長音として読ませます（☞77）。

gō.ȼs　herō.ȼs

　ただし，長い綴りの語では，e を付けない場合があります（☞77）。

-ōes　　tomatoes potaoes heroes vetoes echoes
-ō(e)s　halo(e)s tobacco(e)s volcano(e)s mosquito(e)s
-ōs　　 pianos photos radios studios trios

d. cookie, blue, value

　i と u は語末に生じることができないので（☞36），y, w を用いるか黙字 e を添えます。w に単母音字としての用法はないため（☞08, 12, 37），単母音字

100

u の場合，使えるのは e を添える選択肢のみになります。

cooky	×blw	y と違い w は単母音字としては使えない
×cooki	×blu	i 同様 u は語末に来てはいけない
cookie	blue	e を添えれば語末でなくなる

e. give, have, valve

v の後には母音字が必要です（☞38）。-ing, -er など母音字で始まる接辞が付く場合は問題ありませんが，接辞を取ると v の後ろに母音字がなくなるため，黙字の e を付けます。この ve は語末に現れることが多いのですが，every, leaf の複数形 leaves のように語中のこともあります。

giving	leaf	/-f/	cf. mouth	/-θ/
giver	×leavs	/-vz/	mouths	/-ðz/ e は挿入されない
×giv	leaves			
give				

f. dance, office, siege

c, g を軟音で読ませるための e。c, g は前母音字 e, i, y の前で軟音 ċ /s/, ġ /dʒ/，それ以外で硬音 c̆ /k/, ğ /g/ が基本です（☞21, 23）。

danċing	changing
danċer	changer
×danċ cf. topic̆	×changable a は後母音字なので
danċe	changeable e を残す

-ing, -er などと違い -able で e が入る（残る）のは，a が後母音字で g を軟音で読ませることができないためです。

g. dye, owe

内容語を 3 文字以上にするための e で，開音節の語に付けられます（☞20）。（閉音節の場合は重子音字が用いられる。e.g. ĕgg, ĭnn, ŏdd, ĕrr）

trȳ	/traɪ/	×dȳ /daɪ/	y は語末で使えるが 2 文字では不可
shȳ	/ʃaɪ/	dȳ.e	e を付け 3 文字にすれば OK

nō　機能語で OK
×tō　内容語で不可　→ tōw　複母音字 ōw を使い 3 文字に
　　　　　　　　　　→ tō.e　e を付け 3 文字に

low　　　　law
× ow　　　× aw　　　複母音字 ow, aw を使用しても 2 文字
ow.e　　　aw.e　　　e を付け 3 文字に
ow.ing　　aw.ing　ing が付き 3 文字以上になるので e は不要に

　接辞を付けて owing, awing とすれば 3 文字以上になるので，e は付けなくてよくなります。ただし aweing の綴りもあります。
　tie, die, due, cue の e には，開音節構造を保ち，i, u が語末になることを避け，語を 3 文字にする働きがあります。

h. please, tense
接尾辞 -s でない語幹末の s /s, z/ の後に付ける e です (☞63)。

pleas̲　＜ plea＋-s　　接辞　　　　teas̲　dens̲　cleans̲　spars̲
please̲　　　　　　　語幹の一部　tease̲　dense̲　cleanse̲　sparse̲

i. dyeing, singeing
dye の e は，owe の e と同じ，内容語を 3 文字にするためのもの (☞20)。

try　　low　　　　owing　　＜ owe＋-ing
×dy　　× ow　　　dyeing　　＜ dye ＋-ing
dye　　owe　　　dying　　　＜ die ＋-ing

owe に -ing を付ける場合 e を取って owing としますが，dye の場合 die の -ing 形と同じ綴りになるのを避け，e を残します。
　singe /sɪndʒ/ の e は g が軟音であることを示すためのもの (☞23)。chanġe の -ing 形に e がないのは，-ing の i が前母音字で，軟音標識としての e は不要となるためです。singe でも同様ですが，e を取ると sing の -ing 形と同一になるため e を残します。

chanġe̲　　　singeing̲　＜ singe̲＋-ing
chanġing̲　　sinĝing　　＜ sinĝ ＋-ing

102

80 ま と め

　ローマ字（ラテン文字，アルファベット）の元になったギリシャ文字（☞02）では各文字に，A "alpha", B "beta", Γ "gamma", Δ "delta", . . . と名称があり，それぞれが表す音価がありましたが，ローマ字での名称は純粋に音に基づくA "a", B "be", C "ce", D "de", . . . となりました（☞29）。

　表音文字であるローマ字は単語の発音に基づいて綴られます。例えば，/læp, tæp/ という発音の語を表記するには，それぞれ 3 文字あればいい。

t /t/ ＋ a /æ/ ＋ p /p/　→　tăp /tæp/
l /l/ ＋ a /æ/ ＋ p /p/　→　lăp /læp/

開音節では長音，閉音節では短音という規則（☞13）に従えば，tap, lap の綴りで問題ない。発音が /æpt/ なら tap を並べ変えて apt とすればよい。すべてがこう行けば話は簡単ですが，/æpl/ は lap を並べ替えて apl としただけでは正しい綴りにはなりません。

a /æ/ ＋ p /p/ ＋ t /t/　→　○ăpt /æpt/
a /æ/ ＋ p /p/ ＋ l /l/　→　×ăpl /æpl/

/æpt/ と /æpl/ の違いは，前者が 1 音節であるのに対し，後者が 2 音節であること。/l/ は音節主音的子音と言われる，例外的に音節の核となりうる子音のうちの 1 つです（☞17）。発音上は子音だけで音節を形成できても，綴り字上は母音字が必要であるため（☞18），黙字の e を添えます。しかしこれではa.ple となり，今度は a は長音として読まれることになるため（cf. mā.ple /méɪpl/），短音で読ませるために重子音字を用い（☞14），ăp.ple と綴ることになります。

　/greɪp/ なら grape。読む文字のみなら grap となりますが，閉音節では単母音字 a は短音となってしまうので，綴り字上開音節にするため黙字の e を添えて grā.pe とします（マジック e ☞19）。grā.py（＜grape ＋ -y）なら，発音上も綴り字上も y が音節の核となるため，e は不要になります。

　apple, grape の a は 1 字で 1 音を表す単母音字ですが，peach の ea は 2 字で 1 音を表す複母音字（☞08）。複母音字はそれ自身で長音であることを示しているため（☞11），ch が続いて閉音節になっても問題ありません。ch は 2

103

字で 1 音を表す複子音字です (☞07)。grape の g, r, p は単子音字，apple の pp は 2 字で単子音字 p と同じ音を表す重子音字です (☞07)。

orange の発音は ōrȧnġe または ŏrȧnġe。強勢のある or- の o は短音 ŏ /ɑ|ɔ/ または長音の変形 ōr /ɔɚ/ (母音が続くと /ɔːr/) (r による変形 ☞12)。黙字の e は g を硬音ではなく軟音で読ませるためのものです (☞23)。

ŏr- /ɑr|ɔr/　　　-ȧnġe /ɪndʒ/
ōr- /ɔɚ, ɔːr/　　-anġe /əndʒ/

強勢のない -ange の a は ȧ /ɪ/ となり，さらに弱化すると a /ə/ になります (☞51)。強勢があれば長音 ā /eɪ/ となる綴りが，強勢がないと ȧ /ɪ/, a /ə/ になるのは，-age, -ate, -ace など他でも見られるパターンです。

・強勢あり ā /eɪ/ → 強勢なし ȧ /ɪ/
　-āġe　/eɪdʒ/　　áge cáge páge ságe stáge
　-ȧġe　/ɪdʒ/　　víllage pássage víntage úsage

　-ānġe　/eɪndʒ/　ránge arránge chánge stránge
　-ȧnġe　/ɪndʒ/　órange

・強勢あり ĕ /e/ → 強勢なし ė /ɪ/
　-ĕnġe　/endʒ/　revénge avénge hénge scavénge vénge
　-ėnġe　/ɪndʒ/　chállenge lózenge

強勢なしの -ange の例は orange のみのため認識しにくいですが，-age, -ate, -ace などの例もまとめて捉えると，-ȧnġe, -anġe の a の発音は一般的なパターンに従っていることがわかります。

apple, grape, peach, orange。どれも入門期で習う語ですが，綴りの仕組みについて教わった人は少ないでしょう。明示的に教わらなくとも我々は多くの英単語の綴りと発音に接することで，上で見た規則を無意識のうちに習得しています。application の略語の app の綴りを見たことがなくとも，ap よりも app の方が自然と感じる (☞20)。box ではなく boks と綴れば不自然に感じる。bocks なら初めて見た場合でも英語でありうる綴りだとわかるので，boks におかしさを感じるのは単に見たことがないからではないことがわかります (☞31)。本書では英語で読み書きする人が頭の中に持っていると考えられる無意識の知識を明示的に述べてきました。

現代英語の綴りは，特定の個人，組織が規則を明示的な形で示した上で定めたものではありません。本書で述べてきた「規則」は，個々の語の綴りの観察で得られたパターンを一般化したもので，過去の文献で示されているものも，本書独自のものもあります。批判的に検討していただければ幸いです。

80
節

〈付録A〉
各節のポイント

　以下に各節のポイントをまとめて示します。詳細，具体例が思い浮かばない場合は本文に戻って確認するといいでしょう。

---

1. 英語は印欧祖語から派生したゲルマン語派に属する。英語の歴史は大きく古英語期，中英語期，近代英語期に分けられる。
2. 英語の表記に使われる文字は「アルファベット」「ラテン文字」「ローマ字」と呼ばれる。
3. アルファベットには 26 文字あり，各文字に大文字と小文字がある。
4. 26 文字は母音字と子音字に分類できる。
5. 各文字には名称と音価がある。
6. 英語では発音と文字・綴りとのずれを押さえる必要がある。
7. 子音字には 1 字で 1 音を表す単子音字と，複数で 1 音を表す複子音字がある。複子音字には同じ子音字を重ねた重子音字が含まれる。
8. 母音字には 1 字で 1 音を表す単母音字と，複数で 1 音を表す複母音字がある。複母音字には同じ母音字を重ねた重母音字が含まれる。
9. 母音字は強勢の有無 (強音節か弱音節か) で大きく発音が異なる。
10. 強音節では長音と短音の対立がある。

---

11. 強音節の複母音字は長音が基本である。
12. 強音節の単母音字には長音と短音がある。
13. 強音節の単母音字は，開音節では長音，閉音節では短音となる。
14. 重子音字の前の強音節の単母音字は閉音節のため短音となる。
15. 母音字で始まる接辞を付ける際，最後の音節が単母音字・短音で子音字 1 字が続く場合には，短音の音価を維持するため重子音字を用いる。
16. 綴りに含まれる，それ自身は発音されない文字を「黙字」と言う。黙字の母音字としては e が使われる。黙字 u は g, q の後ろに限られる。
17. 母音の代わりに子音 /l, m, n/ が核となる音節もある。音節の核となる子音を「音節主音的子音」と呼ぶ。
18. 綴り字上の音節は母音字を必要とし，発音上母音がない場合は綴りに黙

字の e を挿入する。

19. 発音上，閉音節に長音の単母音字が現れる場合，見かけ上開音節にするため黙字の母音字 e を添える。この e は「マジック e」と呼ばれることがある。

20. 伝統的な内容語は 3 文字以上で綴るという規則に従い，文字数が足りない場合，黙字の e や重子音字を用い 3 文字にする。

---

21. c は前母音字 e, i, y の前では軟音 ċ /s/，それ以外では硬音 č /k/ が基本である。

22. ck, cq, cc, sc の発音も c の読み方に従い，その結果 ck /k/, cq /k/, cc /k, ks/, sc /sk, s/ と読まれる。

23. g は前母音字 e, i, y の前では軟音 ġ /dʒ/，それ以外では硬音 ğ /g/ が基本である。

24. 接尾辞の先頭が前母音字である場合，語幹末の硬音 č, ğ /k, g/ が軟音 ċ, ġ /s, dʒ/ に変わることがある。

25. 外来語の c と g の発音と綴りの規則には英語とは異なるものがある。

26. イギリス英語の judgement をアメリカ英語で judgment と綴るのは，d を g の軟音標識とみなし，本来の軟音標識の黙字の e を余剰的で不要なものとみなすためである。

27. x には 3 つの音価 x̌ /ks/, ẍ /gz/, ẋ /z/ がある。語頭では ẋ /z/，語末では x̌ /ks/ だが，それ以外の位置ではある傾向があるのでそれを押さえておくとよいが，例外も多いので単語ごとに覚える必要がある。

28. 同じ文字を重ねた重子音字と，異なる文字の連続だが重子音字と同じ働きをする「隠れ重子音字」がある。

29. 文字の名称も綴りと発音の規則に基づいている。

30. 語末の l, ll は規則に従い使い分けられる。

---

31. 語末の k, ck, c は規則に従い使い分けられる。

32. 語末の f, ff は規則に従い使い分けられる。

33. 語末の s(e), ss は規則に従い使い分けられる。

34. 語末の ch と tch，ge と dge は規則に従い使い分けられる。

35. 語末の単母音字の後の /tʃ/ は tch と綴られ，t のない ch は /k/ と発音される。機能語の such, which などは例外的な綴りである。

36. i, u は語末では使えない。

37. i, u は母音字間では使えない。

38. v の後には母音字が来る。語中でも語末でも，v の後に母音がない場合は黙字の e を添える。

39. 後母音字・短音 a, o は l の前で長音 au, ōu の発音に変わることがある。

40. 後母音字・短音 a, o は w の後で短音 o, u に変わることがある。

41. 母音字 a, e, i, o, u には第 2 長音 /ɑː, eɪ, iː, ɔː, uː/ がある。

42. a の第 2 長音は ä /ɑː/ である。

43. e の第 2 長音は ë /eɪ/ である。

44. i の第 2 長音は ï /iː/ である。

45. o の第 2 長音は ö /ɔː/ である。

46. u の第 2 長音は ü /uː/ である。

47. o の発音には ō /oʊ/, ŏ /ɑ|ɔ/, ö /ɔː/, ò /ʌ/ などがある。

48. ラテン語由来の前置詞では第 2 長音が用いられることがある。

49. 同じく 2 字で長音を表しても，〈複母音字〉と〈単母音字＋黙字 e〉は扱いが異なる。長音となる仕組みが異なり，複母音字の第 2 要素は黙字ではないため，-ing などの接辞が付く場合でも削除されない。

50. 強勢のない音節には強母音とは異なる弱母音が現れる。

51. 母音字の音価，綴りを考えるうえで強勢は重要なポイントで，同じ綴りでも強勢の有無により発音も変わる。

52. 開音節であれ閉音節であれ，弱音節では母音は弱母音となり，強音節で見られる母音の長短の対立がないか不明瞭で，母音字で始まる接辞を付ける時も綴り字上の音節構造の調整は不要で重子音字は用いられない。

53. 語末の ey は強勢があれば /eɪ/，なければ /i/ となる。

54. c, s, z, t, d は弱音節では /i, j/ の前で口蓋音化する (/ʃ, ʒ, tʃ, dʒ/)。後続母音も弱母音である場合，/i, ju, jʊ, jə/ は口蓋音化を引き起こしたあと脱落する（後続母音と 1 つになる）。

55. 語末の /dʒən, ʒən, ʃən/ の綴りには gion, sion, ssion, tion, shion などがある。先行単母音字の発音に注意する。

56. 無強勢の語末の /dʒən, dʒɪn/ の綴りには (d)gen, (d)geon, (d)gin, gion がある。dg は重子音字扱いで，先行単母音字に強勢があれば短音になる。

57. 黙字の子音字には，元々発音されていたものが脱落したのちも綴り字に残ったものに加え，後から（なかには誤解に基づく）語源に合わせ綴りに

追加されたものもある。

58. 語頭の pn-, ps-, pt- はギリシャ語起源の語に見られる綴りで p は黙字。ch /k/, rh /r/ の h も黙字の一種とみなすことができる。ph, th は破裂音 p, t に対応する摩擦音で発音され，複子音字扱いとなる。

59. アルファベットは表音文字だが，発音が同じでも異なる綴りにより別の語であることを示したり，語の内部の構成がわかったりするなど，綴りのレベルでは表語性，表形態素性が見られる。

60. 動詞の過去形・過去分詞の接辞 /t, d, ɪd/ の綴りは ed が基本だが，何らかの点で不規則な部分を含む場合には t, d も使われる。

---

61. 語末の /s, z/ が語幹の一部か接辞 (名詞の複数，動詞の 3 人称単数現在) かは，綴り字上前者であることを示す合図があるため判断できる。

62. 重子音字 ss で綴られる語末の /s/ は接辞ではなく語幹の一部である。

63. 接辞，黙字の e が続く s /s, z/ は語幹の一部である。

64. 基本的に i, u の後の語末の s は接辞ではなく語幹の一部である。

65. 語末の x /ks/ の /s/ は語幹の一部である。

66. ng の発音には nğ /ŋg/, nġ(e) /ndʒ/, ñg /ŋ/ の 3 つがある。

67. ee, oo を除き，同じ母音字の連続 (aa, ii, uu, yy) は避けられる。語中形が i で終わる語 (e.g. lie, try) に -ing を付ける際は i の連続 (-iing) を避け -ying と綴る。y で終わる後に接辞 -y を付ける時には y の連続を避け -yey と綴る。

68. 接辞を付けてできる語の綴りも規則に従う。母音字で始まる接辞を付ける場合，語末の音節の母音が，i. 強勢を持ち，ii. 短音であり，iii. 1 字 (単母音字) で綴られれば，語末の子音字を重ねる。

69. 接辞の付け方 1 : 単母音字の後で重子音字を使用するかどうかは，語末の音節に強勢があるかないかに依存し，強勢がなければ子音字を重ねない。

70. 接辞の付け方 2 : -at で終わる語は (機能語の at, that を除き) 弱母音にはならず短音 -āt /æt/ となるため，接辞付加の際には基本的に t を重ねる。

---

71. 接辞の付け方 3 : -l で終わる語は，アメリカ英語では他の子音字と同様規則に従い l, ll が用いられるが，イギリス英語では最後の音節に強勢がない場合も重子音字 ll が用いられる。

72. 接辞の付け方 4 : 複母音字は音節構造にかかわらずそれ自体で長音を表

すため，音節構造の調整は不要である。

73. 接辞の付け方 5：複子音字（重子音字を含む）では重子音字化は行われないため，単母音字＋複子音字で終わる語では，そのまま接辞を付ける。

74. 接辞の付け方 6：接辞 -ance, -ence, -able, -ible が付加された派生語では強勢の位置が変わることがある。重子音字の使用は派生語の強勢の位置による。

75. 接辞の付け方 7：名詞に付いて形容詞を作る接辞 -ed の場合も，重子音字の使用は規則に従う。

76. 接辞の付け方 8：-ie, -y で終わる語では，語中形の -i に接辞が付いた形になるが (e.g. lie–lies, try–tried)，-ing の場合は i の連続 (ii) を避けるため，-iing ではなく -ying が用いられる (e.g. lying, trying)。

77. 接辞の付け方 9：-o で終わる語の場合，-(e)s は -oes の場合も -os の場合もある。ある程度の傾向はあるが絶対ではないので，1 つ 1 つ覚える必要がある。

78. -ic で終わる語は -ic の前の音節に強勢が来て母音字は短音となることがあるが，そうならないものもあるので単語ごとに確認して覚える必要がある。-aic, -oic のように -ic の前が母音字の場合は開音節なので必ず長音となる。

79. 黙字の e には様々な用法がある。マジック e だけが黙字の e（サイレント e）ではない。黙字の e の働きを理解するには，e がなかったらどうなるか考えてみるとよい。

80. 現代英語の綴りは特定の個人，組織が定めたものではなく明示化された規則はないが，英語の話者は英単語の発音と綴りに接することでパターンを無意識のうちに習得し使用している。

〈付録 B〉
練習問題：接辞の付け方

　次の各語に与えられた接辞を付け，できた語の綴りを書きましょう。接辞を付けた時に元の語と強勢の位置が変わる場合 (* で示す) があるので注意しましょう。

a) -ing

sit	_____	put	_____
begín	_____	push	_____
vísit	_____	look	_____
devélop	_____	expél	_____
tráffic	_____	trável	_____

b) -ed

bar	_____	defér	_____
bare	_____	recúr	_____
permít	_____	head	_____
double-bed	_____	bathe	_____
fócus	_____	bath	_____

c) -able

swim	_____	stop	_____
refórm	_____	foresée	_____
defíne	_____	forgét	_____
quéstion	_____	infér*	_____
récàp	_____	contról	_____

d) -y

crab	_____	good	_____
mud	_____	push	_____
cloud	_____	dog	_____
sun	_____	pánic	_____
speed	_____	fur	_____
hand	_____	head	_____

e) -ance

admít _____   endúre _____

allów _____   inhérit _____

assíst _____   perfórm _____

f) -ence (強勢の位置が変わるものに注意)

occúr _____   infér* _____

díffer _____   prefér* _____

interfére _____   exíst _____

g) -ish

red _____   late _____

snob _____   féver _____

fool _____   man _____

child _____   wóman _____

Dane _____   Finn _____

h) -er

space	_____	dine	_____
feed	_____	putt	_____
swim	_____	trável	_____
cook	_____	contról	_____

i) -en

black	_____	white	_____
red	_____	ripe	_____
dead	_____	less	_____
broad	_____	rough	_____
sharp	_____	soft	_____
fast	_____		

〈答え〉

a) -ing

sitting	putting
beginning	pushing
visiting	looking
developing	expelling
trafficking	travel(l)ing

b) -ed

barred	deferred
bared	recurred
permitted	headed
double-bedded	bathed
focus(s)ed	bathed

c) -able

swimmable	stoppable
reformable	foreseeable
definable	forgettable
questionable	infer(r)able
recappable	controllable

d) -y

crabby	goody
muddy	pushy
cloudy	doggy
sunny	panicky
speedy	furry
handy	heady

e) -ance

admittance	endurance
allowance	inheritance
assistance	performance

f) -ence

occurrence	inference
difference	preference
interference	existence

g) -ish

reddish	latish
snobbish	feverish
foolish	mannish
childish	womanish
Danish	Finnish

h) -er

spacer	diner
feeder	putter
swimmer	travel(l)er
cooker	controller

i) -en

blacken	whiten
redden	ripen
deaden	lessen
broaden	roughen
sharpen	soften
fasten	

参 考 文 献

赤須薫（編）(2018)『コンパスローズ英和辞典』研究社

Jespersen, Otto (1909) *A Modern English Grammar on Historical Principles. Volume I, Sounds and Spellings*. London: George Allen & Unwin.

大名力 (2014)『英語の文字・綴り・発音のしくみ』研究社

三省堂編修所（編）(1980)『表音小英和』三省堂

Scragg, D.G. (1974) *A History of English Spelling*. Manchester: Manchester University Press.

竹林滋 (1981)『英語のフォニックス——綴り字と発音のルール』ジャパンタイムズ（『新装版 英語のフォニックス——綴り字と発音のルール』2019年, 研究社）

竹林滋 (1991)『ライトハウス　つづり字と発音の基礎』研究社

安井稔 (1955)『音声と綴字』「英文法シリーズ」第 2 巻, 研究社

あ と が き

　本書の原稿を書き上げたのは 2019 年の 1 月であった。すぐに学部からの友人で英語教師をしている末岡敏明氏に電子メールで連絡し「小中高の教室で直接使えるものではないけど，教員が知識の確認に使うものとして，どうだろうか。」と尋ねると，こう返事が返ってきた。「いま読み始めたところだけど，ものすごくいいじゃないですか。前の「しくみ」[『英語の文字・綴り・発音のしくみ』のこと] は最初から最後まで読み通していくのに結構根性が必要だったんだけど，この本なら「部分的に読む」ということをやりやすい。この本が出版されないということはないと思うけど，できるだけ早く出してほしい。」

　できるだけ早く出してほしい。社交辞令のようなものだと思っていた。あとで知ったことだが，この時点で彼は闘病生活に入っており，この年の 12 月に帰らぬ人となった。末岡氏には本を見てもらうことはできないが，この本を末岡氏に捧げたい。

　前著『英語の文字・綴り・発音のしくみ』出版後で本書の執筆に大きな影響があったことにツイッターでツイートを始めたことがある。英語の発音と綴りについてツイートを繋げてスレッドの形で投稿する。内容は短くまとめる。短いので読みやすいという利点もあるが，十分でない点もある。常に新しくフォローする人がいるので，既に書いていることだからと省略したり，その内容を前提として書いたりすることはしにくい。その制約があることがよい面もあるが，ある内容を前提にさらに話を進めたり，全体の体系を示したり，相互参照したりするのが難しいという問題もある。フォントやレイアウトの面でも制約がある。1 項目 1 ページを基本とし，1 項目を短くまとめ，かつ順番に読んでいけば話が積み上げ式に理解でき，既に読んでいるところも参照しやすい。本書はそういう形で読めることを狙ったものである。目的通りの内容，構成になっていれば幸いである。

語句索引

黙字　8, 21, 48, 52, 70, 71
　e　9, 14, 21, 23, 24, 24n, 25, 26, 29, 32,
　　41, 42, 43, 45, 47, 52, 53, 59, 60, 63,
　　64, 65, 75, 77, 78, 79, 85, 88, 89, 91,
　　94, 95, 96, 98, 100, 101, 103, 104
　u　21, 29n, 31
文字種　6
文字数　25, 43
文字の種類　3
文字の名称　6, 15, 36, 37, 103

〔や行〕
有気　71
有声音　8, 34, 68, 73, 93

4音節語　86

〔ら行〕
ラテン語　2, 3, 16, 28, 36, 37, 45, 51, 52,
　　53, 55, 58, 82, 95
ラテン文字　3, 103

リガチャー　→　抱き字
略語　6, 26, 29

類似音の連続　95, 100
ルーン文字　3, 9

ローマ字　3, 4, 5, 7, 21, 103
ローマ字転写　71
ローマ字読み　15, 16, 50

単語索引

-us 78

-x 33, 75, 80

-y 22, 23, 47, 66, 83, 85, 94, 95, 103

-y/-ies 95

*

a 18, 25, 50, 60, 64
a (ラテン語) 51, 58
a posteriori 58
a priori 51, 58
abaci 30
abacus 30
able 99
abolish 48
ac- 28
access 35
accessory 28
accident 28, 34
account 28, 34
accumulate 28
accuse 28, 34
ace 29
acknowledge 28, 70
acme 95
acne 95
acquaint 28, 35
acquiesce 28
acquire 28, 35
acquisition 28
acquit 28, 35
acrobat 86
across 41
active 47
ad 26
ad- 28
add 8n
adjective 35
adjoin 35
adjust 35
admít 91
admittance 91
admitting 91

advertisement 26
affray 74
affrayed 74
afraid 74
age 17, 29, 62, 64, 104
aged 29
ages 100
aging 29
agnostic 70
agree 17
agreed 73n
AIDS 6
ajar 8
album 61
algebra 97
algebraic 97
alibi 45
allay 62
alley 62, 66
alpine 65
always 48
an 18, 19, 64
angle 22
angler 22
animal 21
antic 53
antique 53
aperitif 40n
apostrophe 61, 95
app 8n, 26, 104
appal 88
appall 88
appalling 88
appealing 87
apple 23, 24, 48, 99, 103, 104
application 26, 104
April 38, 88
apt 103
apteryx 80
aqua 28
aquarium 28
arabesque 21
arc 85
arc(k)ed 27, 85
arc(k)ing 27, 85

archaeopteryx 80
are 99, 99n
aristocrat 86
arrange 104
ascertain 11, 62, 66
ash 40
ask 54
asses 76
assess 76
assist 91
assistance 91
assisting 91
at 86
athlete 97
athletic 97
attach 42, 44
attack 61
August 48
auk 80
auto 13
avenge 104
award 8
awe 25, 102
aweing 102
awful 25
awhile 9
awing 102
axe 80n
axel 23
axle 23
axles 76
axless 76

Bach 51
back 8, 39
badge 32, 42
badger 35
bag 32
bailiff 40
bake 89
baked 89
baker 89
baking 89
balance 48
bald 74
balk 48

each   17
ear   14, 73n
earl   38
early   73n
earn   73n
earth   14, 73n
ebb   8n, 25
echo   96
echoes   100
ecological   97
economics   80n
ed   26
edge   32, 42, 64
educate   67
education   26
egg   25, 32, 43, 101
eke   80
electric   39
eleven   19
emphasis   9
employee   95
endurance   91
endure   91
enduring   91
engine   53, 65
England   63, 63n, 81
English   63, 63n, 81
enough   40
epicalyx   80
epitome   95
epoch   44
equal   8, 28
equip   28
eraser   63
err   8n, 15, 25, 43, 101
error   15
esthetic   9
etch   32
ethic   9
euro   13, 14
eve   8
even   19
ever   8, 19
every   47, 101
evil   19
exacerbate   33

exact   33
exaggerate   32n, 35
examine   65
excavate   35
excel   38
except   35
excess   33, 35
excite   35
excoriate   35
excursion   68
execute   33
executive   33
exhale   33
exhibit   33
exhibition   33
exile   33
exist   33
exit   33
expansion   68
expel   87
expelling   87
experiment   62
explosion   68
express   33
extend   33
eye   25

fa   51, 54
fables   76
fabless   76
façade   31
face   67
facial   67
facsimile   80n
fact   67
factual   67
fair   14, 66
false   48
famine   65
famous   11, 41, 61, 78
fare   66
fashion   68
fast   50, 51
fasten   70
father   50, 51
fax   80n

fee   73n
fee'd   73n
feed   73n
feel   38, 77, 99
feeling   77, 87
feelings   77
feint   13, 14
feline   65
feminine   65
festival   47
fetch   35
feud   14, 46
fever   19, 19n
few   5, 14
fiancé   31, 52
field   14, 60, 62, 63
fierce   14
file   50
fill   23
finale   95
find   17, 74
fine   82
fined   74
finger   9, 81
fir   15
fire   15
firry   15
fish   9, 40
fishes   95, 100
fishing   40
five-starred   74
fix   33
flacks   75, 80
flak(e)y   27n
flax   75, 80
flecks   80
flee   95
flew   59n
flex   80
flier   60n, 72
flour   46
flower   46
flyer   60n, 72
foci   30
focus   30, 41, 78, 90
focused   90

focuses   90
focusing   90
focussed   90
focusses   90
focussing   90
fog   54
fogging   54
folk   39, 48
folly   48
food   13, 14
fool   38
for   15
fore   15
fork   80
format   86
formatted   86
formatter   86
formatting   86
formula   97
formulaic   97
forties   78, 79
fortieth   78, 79
fortis   41, 78, 79
forty   78, 79
fought   70
foul   10, 14
four-legged   74, 93
fowl   10
fraise   79
frays   79
free   8, 89
freed   60n, 73n, 89
freeing   60, 89
freer   60n, 89
frequent   28
fresh   40
froth   54
fruit   14, 55, 59n
fudge   42
fuel   18, 61
fulfil   87
fulfill   87
fulfilling   87
full   15, 38, 89
fully   89
fun   82

fungi   30
fungus   30
furl   38
fuscous   41, 78
fuse   67
fusion   67, 68

gaily   46
galaxy   48
gallery   48
gamble   23
gambler   23
garçon   31
gas   90
gaseous   67
gases   90
gasoline   65
gassed   90
gasses   90
gassing   90
gather   51
gave   29n
gayly   46
gear   29
gees   77
geese   29n, 77
gelato   31
generous   61
genii   30, 45, 82
genius   30, 41, 45, 78, 82
genre   31
gentle   29
Geoffrey   66
Germanies   94
Germany   94
get   29, 29n
giant   18, 29
GIF   29
gift   29
giggle   34
gill   29
Gill   29
gin   29
ginger   29
girdle   29
girl   29, 38

give   21, 29, 29n, 98, 99, 101
given   29n
giver   101
giving   101
glacis   41, 78
glisten   70
glove   17
glue   55
gluing   60
gn-   70
gnash   70
gnaw   70
gnome   70
gnostic   70
go   43, 56, 95, 96
goal   14
god   20, 56, 85
goddess   20, 85
goes   95, 96, 98, 99, 100
going   96
good   29
goos   77
goose   29n, 77
got   29n
gotten   29n
graces   78
graduate   11, 62, 64
graffiti   31
graffito   31
grape   103, 104
graph   9, 40, 90
graphed   40, 90
graphs   90
grapy   103
grass   54
great   17
green   17, 29
grew   55, 59n
grey   63, 66
gripped   74
gript   74
ground   13, 14
grouse   79
grows   79
Gucci   31
guess   21, 29n, 31

guest　31
guide　31
guise　79
guitar　21, 31
gut　29
guys　79
gym　15, 29

habitat　86
hair　13, 14, 66
half　51
Halley　66
halo　96
halo(e)s　100
halt　48
hammer　19
handed　73
happier　45, 78
happily　10, 45, 78
happiness　78
happy　5, 10, 45, 78
hare　66
Harley-Davidson　66
harquebus　41, 78
hasten　70
have　47, 98, 99, 101
hawk　39, 80
haws　79
hawse　79
he　25, 43
head　13, 14, 17, 18, 20, 89, 93
headed　74
header　89
heading　14, 20, 84
hear　13, 14, 73
heard　13, 14, 73
hears　41, 77
hearse　41, 77
heat　13, 14, 20, 77, 89
heater　77, 89
heaters　77
heating　20
heir　14, 66
helicopter　71
hence　77

henge　104
hens　77
her　15
here　15
hero　96, 97
heroes　98, 99, 100
heroic　97
hi　18, 60
high　70
hinge　81n
hit　6, 8, 18, 19
hoe　59, 95
hoeing　60n
hoes　77, 95
hold　48
hole　48
holm　48
Holmes　48
holy　48
honey　57
honor　57
hood　13, 14, 18
hop　15, 20, 24, 84
hope　15, 17, 20, 24, 84, 95, 96
hoped　24, 96
hopes　96
hoping　20, 24, 84, 96
hopped　24
hopping　20, 24, 84
hose　77
host　57
hour　14
house　17, 61n
hover　57
how　13, 14, 18
howl　14, 18, 38, 99
hue　50
huge　32, 42
hula　55
Humphrey　66
hunger　81
hurl　23, 38
hurry　15
hurtles　76
hurtless　76

hury　15
hustle　70
hutch　32
hydrogen　69

I　25, 45
ice　27, 64
if　43
ill　38
imagine　65
immediate　67
in　25, 43
in (ラテン語)　58
in vitro　58
in vivo　58
inch　42
indulge　42
infer　92
inferable　92
inference　92
inferible　92
inferrable　92
inferrible　92
inferring　92
info　30
information　30
inherit　91, 92
inheritance　92
inheriting　92
ink　63n
inn　8n, 25, 43, 101
intension　68
interested　74
interference　92
invasion　68
ion　18
Iraqi　45, 78n
Iraqis　78n
is　25, 43
island　21, 70
isle　70
Israeli　45, 78n
Israelis　78n
issue　67n

jam　8

136

string   81
stripped   74
stript   74
stronger   81
stuck   34
student   19
studied   82
studios   100
study   19, 45, 82, 83
studying   82, 83
stuff   34
subtle   70
success   28, 34, 35
succinct   35
such   42, 43
sue   45, 55, 59, 60
Sue   55
suede, suède   50, 52
suffice   53
sugar   67n
suggest   32n, 34, 35, 67
suggestion   67
sui   55
suit   14, 55, 59n
sum   8, 60
Sumié   52
sun   8, 20
Sunday   61, 62, 66
sunk   39
sunny   20
surf   40
surgeon   69
surprised   74
survey   62, 63, 66
suspicion   68
sustain   62
swag   49
swagger   49
swam   49
swan   49
swank   49
swim   20
swimmer   20, 61
switch   42
syllabi   30
syllabus   30

symbol   21, 22
symbolic   48
syrinx   80

tack   80
tackle   8, 28
tackles   76
tackless   76
tacks   80
take   17, 80
tale   48
talk   39, 48, 49, 80
tank   8
tap   103
task   80
taws   79
tawse   79
tax   80
taxi   45
taxicab   45
tea   14
teach   9, 42
teas   41, 77, 102
tease   41, 77, 102
tech   44
technic   53
technical   39
technique   39, 53
teen   59
ten   8
tens   77
tense   8, 77, 98, 99, 102
Terué   52
Teuton   14
Thai   78n
Thais   78n
thank   39
that   9, 86
their   10, 13, 14, 66
theme   9, 71
theta   52
they   10, 13, 14, 63, 66
thigh   9
thin   9
thing   9, 81
think   9

this   9, 43
thistle   70
thought   40, 70
thumb   70
tie   14, 45, 59, 60, 63, 94,
   102
tied   45, 60, 94
tier   94
tierce   77
tiers   77
ties   94
till   38, 39, 44, 88
time   17, 50
timpani   31
timpano   31
tin   60
to   2, 17, 25, 43
tobacco   96
tobacco(e)s   100
toe   14, 43, 59, 95, 102
toeing   60n, 72
toes   95
toil   14
tomato   50, 51, 96
tomatoes   100
tomb   70
tone   97
tonic   97
too   2, 14, 17
took   14
tool   23
topic   27, 101
toss   54
touch   42
tough   17, 40
tow   102
towel   13
tower   46
town   13, 14, 17
toy   14
traffic   27, 85
trafficable   27, 85
trafficked   27
trafficker   27, 85
trafficking   27, 85
traffics   27

138

train 59
transfer 92
transferable 92
transferrable 92
traveler 87
traveling 87
traveller 87
travelling 87
trek 34n
trekked 34n
trekking 34n
trey 66
trial 46, 94, 100
trick 39
tried 45, 46, 94
trier 94
tries 45, 94, 100
trio 50, 53
trios 100
triumph 9
trophy 9
trudgen 69
true 14, 50, 55, 59, 60
trunk 60
truss 41
try 45, 46, 94, 100, 101, 102
trying 45, 94
tune 67n
turbine 65
twenties 45
twentieth 45
twenty 45
tying 45, 60, 94
type 97
typical 97
tyre 15

UFO 6
UK 6
UN 6
unique 8, 21, 39
until 38, 39, 44, 88
upon 47
urge 42
USA 6
usage 104

us(e)able 60n, 72
usher 9
utter 8

vaccine 65
vacuum 83
vain 17, 72
vale 48
valley 66
value 98, 99, 100
valve 98, 99, 101
vane 17, 72
veil 14
vein 14, 17, 72
venge 104
verse 68
version 68
very 8, 15
veto 96
vetoed 96
vetoes 96, 100
vetoing 96
via 58
video 96
village 61, 62, 64, 104
villain 62
vintage 104
vinyl 21
violin 65
virgin 69
viscous 41, 78
vision 68
visit 27, 61, 64, 85
visited 27
visiting 27, 64, 84, 85
visitor 27
visits 27
vitamin 65
VOA 6
volcano 96
volcano(e)s 100
volley 66
vowel 46

wacks 80
wag 49

waggish 49
waggle 49
wagon 49
waive 47
wake 49
walk 48, 49
wall 48
wangle 49
want 49
wanted 63, 73
war 49
ware 49
warm 49
watch 43
wave 47
waving 47
wavy 47
wax 49, 80
web 25
weir 14
were 99, 99n
what 9, 49
wheel 9
which 42, 43
whirl 38
whisk(e)y 66
whistle 70
who 9
WHO 6
whole 48
widgeon 69
wife 2, 17
Wii 82, 83
will 70
win 5, 8, 47, 99
wine 47, 98, 99
wing 63n
witch 43
wolves 47
woman 85
womanish 85
won 49
wool 14
word 5
work 49
world 49

〈著者紹介〉

大名　力（おおな・つとむ）

名古屋大学大学院人文学研究科教授。1989年，東京学芸大学修士課程修了（教育学修士）。群馬大学教養部，社会情報学部講師，名古屋大学国際開発研究科助教授，教授を経て，現職。専門は言語学・英語学。著書・論文に『言語研究のための正規表現によるコーパス検索』（単著，ひつじ書房，2012年），「コーパス研究と学習英文法」（大津由紀雄（編著）『学習英文法を見直したい』，研究社，2012年），『英語の文字・綴り・発音のしくみ』（単著，研究社，2014年），「英語の文字」「英語の発音と綴りの関係」（酒井英樹・滝沢雄一・亘理陽一（編著）『小学校で英語を教えるためのミニマム・エッセンシャルズ──小学校外国語科内容論』，三省堂，2017年），などがある。

英語の綴りのルール

2021年8月31日　初版発行　　　2023年5月31日　2刷発行

著　者　大名　力

発行者　吉田　尚志

印刷所　図書印刷株式会社

KENKYUSHA
〈検印省略〉

発行所　株式会社　研究社
https://www.kenkyusha.co.jp/

〒102–8152
東京都千代田区富士見2–11–3
電話（編集）03（3288）7711（代）
　　（営業）03（3288）7777（代）
振　替　00150–9–26710

© Tsutomu OHNA, 2021

装丁：金子泰明

ISBN 978–4–327–40175–7　C 3082　　Printed in Japan